W0034508

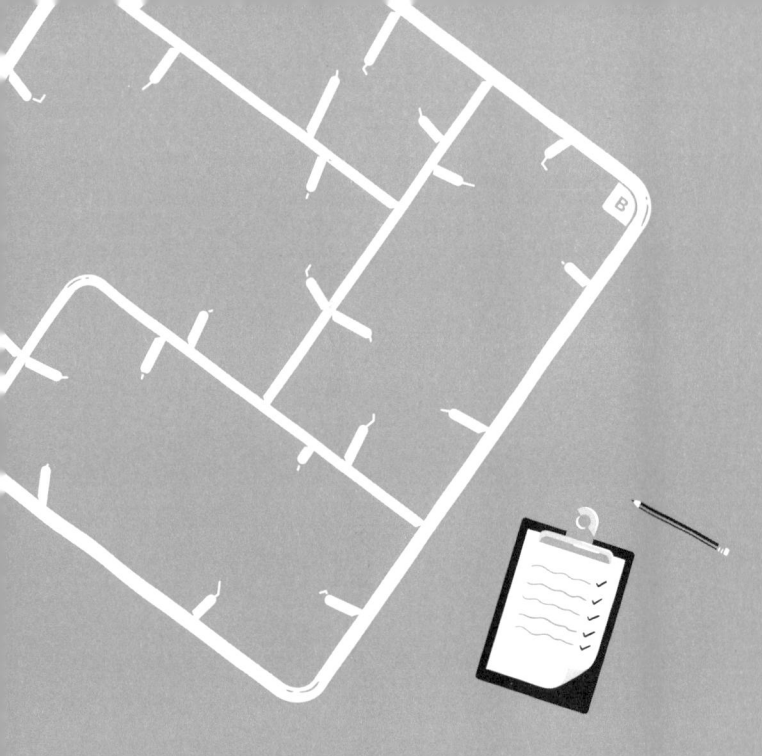

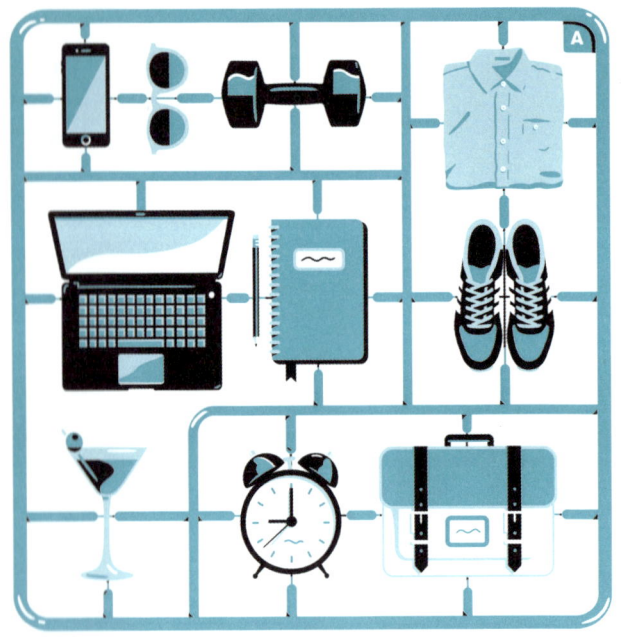

Endlich aufgeräumt

Endlich aufgeräumt

RICHTIG AUSMISTEN, ORGANISIEREN UND DINGE REGELN

——— VON ———

Harriet Griffey

BOOKS

Aus dem Englischen von Yasemin Dinçer

Inhalt

Wozu Ordnung?

Vermutlich lesen Sie dieses Buch, weil Sie – oder Menschen, die Sie kennen – sich mehr Ordnung in Ihrem Leben wünschen. Vielleicht haben Sie das Gefühl, ein geordneteres Leben wäre einfacher und weniger stressig.

Es klingt überraschend – aber selbst die größten Chaoten unter uns können lernen, ordentlicher zu werden. Was als Anstrengung beginnt, kann zur Gewohnheit und schließlich zur Lebensweise werden.

Ohne die richtige innere Einstellung gelangen wir nie zur richtigen Lösung. *Chinesisches Sprichwort*

Die Vorteile von Ordnung

Haben Sie sich je gefragt, wie Sie von mehr Ordnung profitieren können; weshalb es Ihrer Gesundheit und Zufriedenheit zuträglich sein könnte, Überflüssiges loszuwerden und sich die Zeit besser einzuteilen? Hier ist eine kleine Gedächtnisstütze:

› Sie sparen Zeit, denn die vielen Minuten, die Sie mit Suchen verschwenden, summieren sich zu Stunden, wobei noch nicht Frust, Ärger und Stress einberechnet sind, die sich einstellen, wenn Sie in der Eile Ihre Schlüssel oder die Brotdose Ihres Kindes nicht finden.

> Sie erreichen mehr, denn eine bessere Organisation ermöglicht es Ihnen, unnötige Zeitverschwendung zu vermeiden, Aufgaben effektiv zu delegieren und Abläufe zu optimieren.
> Dies wiederum verschafft Ihnen mehr Zeit für sich selbst, für die Dinge, die Sie tun möchten: Sport treiben, gesünder essen, Zeitung lesen – und Sie haben auch mehr Zeit für Ihre Familie und Freunde.
> Sie wirken professioneller und hinterlassen einen besseren Eindruck im Job, wenn Sie nicht nach verlegten Akten kramen müssen oder zu spät zu Terminen erscheinen.
> Sie sparen Geld, wenn Sie wissen, welche Dinge Sie bereits besitzen – und diese auch finden, bevor Sie sie noch einmal kaufen.
> Sie sind ein besseres Vorbild – für das Team, mit dem Sie beruflich zu tun haben, aber auch für das Team, mit dem Sie zu Hause zu tun haben. Insbesondere wenn Sie Kinder haben und möchten, dass diese gut organisiert und ordentlich sind, können Sie ihnen dieses Verhalten nur schwer anerziehen, wenn Sie es nicht selbst an den Tag legen. Kinder, die grundlegende organisatorische Fähigkeiten besitzen, profitieren davon ein Leben lang – und Ihnen nimmt dies zugleich den Druck, alles für Ihre Familie selbst erledigen zu müssen.
> Sie werden sich in einer ruhigen, ordentlichen Umgebung wohler fühlen. Ein entrümpeltes Leben wirkt automatisch entspannend.

Der Mensch entwickelt eine bestimmte Eigenschaft, indem er konstant auf bestimmte Weise handelt ... Gerecht wird man, indem man gerechte Handlungen ausführt, maßvoll durch maßvolle Handlungen, mutig durch mutige.

Aristoteles

Viele neigen nicht von Natur aus zur Ordnung. Wieder und wieder nehmen sie sich vor, ordentlicher zu werden, fallen jedoch unweigerlich in ein Muster aus Unordnung und Durcheinander zurück. Schaffen Sie sich mehrere einfache Systeme, die sich leicht umsetzen lassen. Wenn Sie so wollen, lassen Sie Ordnung zur Gewohnheit werden.

EINFAC

HHEIT

ist die höchste Stufe der Raffinesse.

LEONARDO DA VINCI

Welcher Organisations-typ sind Sie?

Sind Sie jemand, der Struktur im Leben mag, einen Platz für alles braucht und bei dem alles an seinen Platz gehört? Oder sind Sie am glücklichsten, wenn Sie sich irgendwie durchwurschteln, auf Spontaneität vertrauen und Probleme lösen, wenn sie auftreten?

Es ist selten so eindeutig, wie diese beiden Extreme nahelegen, doch es lohnt sich, darüber nachzudenken, wie Sie auf Chaos und Unordnung in Ihrem Umfeld reagieren, was Sie tolerierbar finden und was Ihnen unangenehm ist.

Seinen individuellen, persönlichen Organisationsstil zu kennen, ist hilfreich, wenn man sich ein harmonisches Umfeld zum Leben und Arbeiten schaffen oder verbesserungswürdige Bereiche ausmachen möchte. Es kann auch dazu beitragen, Konflikte zwischen verschiedenen Typen, bei denen sich die Organisationsstile unterscheiden, und den Umgang damit zu verstehen.

Test

Machen Sie diesen kurzen Test, um herauszufinden, inwieweit Ihre Persönlichkeit Ihr Organisationsprofil beeinflusst und werfen Sie dann, wenn nötig, einen Blick auf die Schritte, die Sie zur Verbesserung unternehmen können.

› **Was befindet sich in Ihrer Geldbörse/Brieftasche?**

A Bank- und Kreditkarte; frische Geldscheine; keine Münzen.

B Fünf verschiedene Bankkarten; fünf Kundenkarten; eine Handvoll Geld-scheine; viel Kleingeld.

C Drei verschiedene Bankkarten; fünf Kundenkarten; weder Scheine noch Münzen; Kinderfotos aus den letzten zwanzig Jahren; Eintrittskarte von einem ersten Date; eine gepresste Blume.

D Kann meine Geldbörse nicht finden – suche sie später.

› **Vor der Arbeit …**

A setzen Sie sich fünf Minuten hin, legen sich zurecht, was Sie benötigen, erstellen eine Liste.

B verbringen Sie eine Stunde mit Aufräumen. Sie können nicht arbeiten, wenn es unordentlich ist.

C machen Sie sich eine Tasse Kaffee, checken Ihre E-Mails, hören die Nach-richten auf Ihrem Anrufbeantworter ab und legen dann los.

D verbringen Sie dreißig Sekunden damit, alles von Ihrem Schreibtisch oder Ihrem Arbeitsbereich auf den Boden zu befördern.

› **Sie beantworten persönliche Anrufe …**

A sofort.

B innerhalb weniger Stunden.

C am nächsten Tag.

D Ich vergesse es völlig, bis die Person erneut anruft.

› **Wenn Sie an etwas arbeiten ...**

A notieren Sie sich die Deadline, legen eine Checkliste an und planen jeden Schritt.

B gehen Sie methodisch vor, verlieren sich aber in kleineren Details.

C unterschätzen Sie, wie lange Sie für die Aufgabe benötigen und arbeiten am Ende die Nacht durch, um im Zeitplan zu bleiben.

D müssen Sie die Deadline in letzter Minute verschieben.

› **Wenn Sie sich mit einer Freundin verabreden ...**

A kommen Sie ein paar Minuten zu früh und sichern sich gute Plätze.

B kommen Sie zu spät, schreiben aber eine Nachricht.

C kommen Sie zu spät – jeder weiß, dass Sie es mit Pünktlichkeit nicht so genau nehmen.

D Was für eine Verabredung?

› **Was motiviert Sie?**

A Dinge zu erledigen – wenn etwas getan werden muss, tue ich es einfach.

B Das Versprechen auf Belohnung am Ende – auch wenn es nur fünf Minuten auf Facebook oder eine Tasse Kaffee sind.

C In einem Team zu arbeiten und gesagt zu bekommen, was ich als Nächstes tun soll.

D Eine überschrittene Deadline – ich brauche das Adrenalin der Angst als Antrieb.

› **Wie bezahlen Sie Ihre Rechnungen?**

A Automatisch, per Lastschrift.

B Wenn mehrere zusammengekommen sind, alle zusammen.

C Wenn ich sie unter einem Haufen vergraben finde, meist in letzter Minute.

D Oft zu spät, inklusive Strafen.

In einem aufgeräumten Zimmer ist auch die Seele aufgeräumt.

ERNST FREIHERR VON FEUCHTERSLEBEN

› Wie organisieren Sie Ihren Arbeitstag?

A Anhand eines Online-Kalenders mit Erinnerungsfunktion, synchronisiert mit meinem Smartphone.

B Ich schreibe alles in meinen Terminkalender, mein Smartphone und auf einen Wandplaner.

C Termine stehen in meinem Kalender – wenn ich ihn finden kann ...

D Gar nicht. Dinge geschehen einfach.

› Wenn Sie das Haus verlassen ...

A gehen Sie im Kopf kurz alles durch – Schlüssel, Tasche, Telefon –, bevor Sie die Tür hinter sich zuziehen.

B zögern Sie auf der Türschwelle und überlegen, ob Sie den Herd ausgeschaltet, die Hintertür zugemacht haben etc.

C gehen Sie mindestens einmal zurück, weil Sie etwas vergessen haben.

D schließen Sie sich so regelmäßig aus, dass Sie einen Ersatzschlüssel beim Nachbarn hinterlegen mussten.

Der methodische Typ

Der angreiferische Typ

AM HÄUFIGSTEN ANTWORT A

Hat die Dinge immer im Griff. Bücher sind alphabetisch sortiert; Müll landet sofort im richtigen Eimer; alles, was im Moment irrelevant ist, wird entsorgt. **Kehrseite:** Kann ein wenig rabiat und unsentimental sein.

AM HÄUFIGSTEN ANTWORT B

Meist häuft sich alles an, bevor dieser Typ zum Angriff übergeht, aussortiert und Überflüssiges wegwirft, auch wenn es nicht besonders lange ordentlich bleibt. **Kehrseite:** Kann auf halber Strecke plötzlich überfordert und demotiviert sein und neigt dazu, das sprichwörtliche Kind mit dem Bade auszuschütten.

Der pseudo-ordentliche Typ

Der chaotische Typ

AM HÄUFIGSTEN ANTWORT C

Wirkt recht ordentlich, aber tatsächlich sind die sauberen Stapel ohne Sinn und Verstand angehäuft. Hängt an Sachen, die eigentlich weggeworfen werden sollten, mit der Begründung: »für alle Fälle«.

Kehrseite: Dieser Typ wird leicht von Wichtigerem abgelenkt, weil er nach Dingen sucht, die irgendwo vergraben sind.

AM HÄUFIGSTEN ANTWORT D

Kreative Erscheinung, gedeiht tendenziell in chaotischer Umgebung und baut darauf, sich daran zu erinnern, wo sich die Sachen befinden, was jedoch keine unfehlbare Methode ist.

Kehrseite: Bemerkt oft nicht, was um ihn herum passiert und ist ein wenig unzuverlässig, was andere in den Wahnsinn treiben kann.

Ein Platz

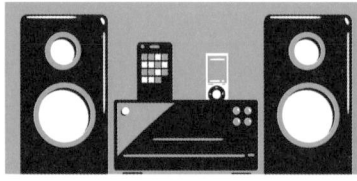

für alles

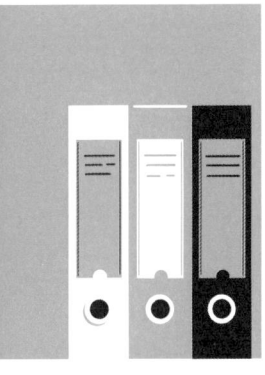

und alles

an seinem

Platz.

MRS. BEETON

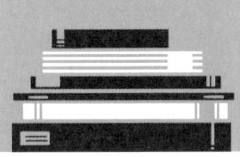

Chaostheorie:
Was Sie davon abhält,
ordentlich zu sein

Dem ordentlichen ist der unordentliche Mensch ein Rätsel. Keine Ordnung zu halten scheint keinerlei Zweck zu dienen, doch damit ignoriert man einige der tiefer liegenden psychologischen Gründe dafür, weshalb Chaos manchmal als die bessere Lösung erscheint.

Für manche erschafft das physische Hindernis, das durch Bücherstapel, Haufen unsortierter Dokumente oder volle Wäschekörbe entsteht, die die Aufmerksamkeit auf sich ziehen, ein Schutzschild gegenüber der Außenwelt. Diese Barrikaden aus Gerümpel können nützlich sein, um persönliche Grenzen zu ziehen und andere davon abzuhalten, einem zu nahezukommen – sowohl im wörtlichen wie auch im übertragenen Sinn.

Gerümpel ist stecken gebliebene Energie. Das englische Wort dafür, ›clutter‹, stammt vom mittelenglischen ›clotter‹, was ›gerinnen‹ bedeutet – mehr Steckenbleiben geht kaum. *Karen Kingston*

Für andere ist es auf noch grundlegendere Weise beruhigend, sich mit lauter Kram zu umgeben: So fühlen wir uns sicher. Viel zu besitzen – und überschüssige Dinge auf Vorrat anzuhäufen, von Bohnenkonserven bis zu neuen Kugelschreibern – erzeugt ein Gefühl von Sicherheit, das der Angst entgegenwirkt, nicht genug zu haben.

Manche empfinden Chaos als nützliche Ablenkung von der anstehenden Arbeit. Es kann eine Form von Prokrastination darstellen, die Ihnen dabei hilft, Aufgaben, die Sie zu Ende bringen, oder Probleme, die Sie angehen müssten, aufzuschieben, ob physischer oder psychischer Natur. Inmitten von emotionalem Chaos können wir uns manchmal leichter ablenken, indem wir das Gießkannenprinzip auf alles anwenden, was erledigt werden muss.

Während einige eine entschieden unsentimentale Haltung gegenüber Besitztümern einnehmen, repräsentieren für andere die sie umgebenden Gegenstände eine vergangene Zeit, einen verlorenen Augenblick oder einen Teil von ihnen, an den sie sich klammern. Deshalb ist es verlockend, diese Besitztümer in Sichtweite zu haben, denn wir befürchten, ohne sie auch den Teil von uns, den sie repräsentieren, zu verlieren.

Die Kehrseite der Medaille ist, dass wir am Ende von Gerümpel umgeben dasitzen, was das Leben noch chaotischer machen kann. Wenn es anfängt, Sie zu ärgern oder zu erdrücken, ist dies ein Anzeichen dafür, dass Sie Ordnung ins Chaos bringen sollten.

Ein Leben im Chaos ist anstrengend, angsteinflößend. Der Haken daran ist, dass es auch sehr süchtig macht.

LORNA LUFT, AMERIKANISCHE SÄNGERIN SOWIE SCHAUSPIELERIN UND TOCHTER VON JUDY GARLAND

Wir verehren das Chaos, weil wir

es
lieben,

Ordnung
zu
schaffen.

M. C. ESCHER

Sie können sich nicht entscheiden?

Entscheidungen zu treffen ist ein weiterer Bereich, in dem wir uns schwertun können, besonders wenn es darum geht, Dinge loszuwerden, die wir nicht mehr benötigen. Es kann uns von einer so simplen Tätigkeit wie dem Entrümpeln einer Kommode abhalten oder der Entscheidung, welche Kleidungsstücke wir in die Kleidersammlung geben.

Oft ist einfach Unentschlossenheit der Grund dafür, dass wir das Aufräumen oder Entrümpeln aufschieben. Es kann hilfreich sein, die Ordnung, die Sie anstreben, im Kopf zu behalten und anhand der folgenden kurzen Fragen zu entscheiden, ob Sie etwas behalten, einlagern oder ausrangieren sollten.

› Benutzen Sie es regelmäßig?
› Funktioniert es oder ist es kaputt?
› Finden Sie es hässlich oder unbequem?
› Benötigen Sie wirklich mehr als eins davon?
› War es ein Geschenk, für das Sie keine Verwendung haben?
› Behalten Sie es »für alle Fälle«?

Realistisch zu sein hilft ebenfalls. Zum Beispiel:

› Wenn Sie etwas seit zwei Jahren nicht getragen haben, weil es Ihnen nicht mehr passt oder weil Sie es nicht mehr mögen, dann verkaufen Sie es oder geben Sie es in die Kleidersammlung.
› Wenn Sie drei Kartoffelschäler haben, aber nur einen tatsächlich benutzen – werden Sie zumindest einen los!

› Wenn Sie ein Taschenbuch gelesen haben, verschenken Sie es. Dasselbe gilt, wenn es drei Jahre ungelesen bei Ihnen im Regal gestanden hat!
› Wenn Sie irgendetwas für alle Fälle behalten, es sich in den letzten sechs Monaten aber kein einziges Mal als nützlich erwiesen hat, dann ist es Zeit, sich davon zu trennen.

Arbeit ist ein Weg, Ordnung ins Chaos zu bringen, und zu sehen, dass wir am Ende des Tages eine Sache ein klein wenig stimmiger machen konnten, verschafft uns eine elementare Befriedigung.

ALAIN DE BOTTON, PHILOSOPH & AUTOR

Reduzieren, Wiederverwenden, Wiederverwerten – weniger Zeug, mehr Ordnung

Weniger ist mehr, nicht wahr? Aber was heißt das eigentlich?

Zunächst einmal haben Sie mehr Zeit, wenn Sie weniger besitzen, denn Sie müssen weniger aufräumen, einlagern oder suchen. Weniger Durcheinander in Ihrem Leben zahlt sich augenblicklich in Form von mehr Platz und weniger Hausarbeit aus. Chaos erschwert es zudem, Dinge wiederzufinden und kann eine visuelle Reizüberflutung darstellen, die das Gefühl von Stress statt von Ruhe erzeugt.

Während ich physisch Platz schuf, bekam ich auch mental mehr Raum, um mich zu fragen, was ich mit meiner Zeit anfing – dem kostbarsten Gut, das ich besaß.

CHRIS WRAY, AUTOR EINES BLOGS ÜBER MINIMALISTISCHEN LEBENSSTIL

Gerümpel

Eine Studie der University of California in Los Angeles über das amerikanische Vorstadtleben aus dem Jahr 2005 kam zu dem Ergebnis, dass die Menschen eine überwältigende Menge an Dingen besitzen: aufbewahrt, gehortet und auf Vorrat gelagert. Dabei wurde ebenfalls festgestellt, dass all diese Besitztümer tatsächlich Stress erzeugen, insbesondere für die Mütter der Familien, die bei der Beschreibung ihres Heims oftmals Begriffe wie »Unordnung«, »sehr chaotisch« und »kein Spaß« verwendeten, was von der bei Speicheltests gefundenen Menge des Stresshormons Cortisol bestätigt wurde.

Reduzieren

› Beginnen Sie damit, weniger zu kaufen, womit Sie automatisch die Menge an Besitztümern reduzieren, für die Sie einen Platz finden müssen.

› Versuchen Sie beim Einkaufen zwischen Brauchen und Wollen zu unterscheiden. Etwas zu brauchen bedeutet, dass es unentbehrlich ist;

zwar ist es auch legitim, etwas zu wollen, aber dann sollten Sie es auch benutzen oder Freude daran haben.

› Kaufen Sie nicht mehr als geplant – Zwei-zum-Preis-von-einem-Angebote bedeuten nur dann eine Ersparnis, wenn Sie den Artikel (plus Ersatz) ohnehin benötigten.

Das Durcheinander ist die physische Erscheinungsform nicht getroffener Entscheidungen, geschürt durch Prokrastination. *Christina Scalise*

› Wenn Sie Ihre Lebensmittel online kaufen, geben Sie acht, nicht zu viel zu bestellen. Es ist nicht leicht, das Essen für eine ganze Woche im Voraus zu planen, was erklären könnte, weshalb wir so viel verschwenden und wegwerfen. Es ist oftmals besser, Notwendiges für den Haushalt wie Toilettenpapier, Waschpulver und eine Grundausstattung an Vorräten online zu kaufen, sich aber mehr Freiheit bei der Planung der täglichen Mahlzeiten zu lassen, je nachdem, worauf Sie gerade Appetit haben. Dafür können Sie dann im Laden vor Ort einkaufen.

› Ziehen Sie bei der Suche nach einem Geschenk auch gemeinsame Unternehmungen in Betracht – planen Sie etwa einen Theaterabend oder kochen Sie ein leckeres Abendessen –, statt noch mehr Gerümpel anzuhäufen, indem Sie auf gut Glück etwas erwerben, das die Ihnen nahestehende Person mögen könnte, nur weil Sie das Gefühl haben, ihr etwas schenken zu müssen.

Ein Haus ist nur ein Haufen Sachen mit einem Dach darüber.

GEORGE CARLIN,
AMERIKANISCHER KOMIKER UND
GESELLSCHAFTSKRITIKER

CHECKLISTE FÜR DEN KLEIDERKAUF

- Denken Sie in Ruhe darüber nach, wie das neue Kleidungsstück zum Rest Ihrer Garderobe passt und welchen Stil, welche Farbe und welchen Look Sie grundsätzlich anstreben.

- Setzen Sie sich ein Budget. Nur in Ausnahmefällen können Sie den alten Spruch anwenden: »Man bereut nur, was man einspart, nie, was man verschwendet.«

- Holen Sie sich in Zeitschriften und im Internet Anregungen zu Stilen, Preisen und Shopping-Adressen.

- Nehmen Sie sich genügend Zeit zum Einkaufen – und legen Sie zwischendurch eine Pause ein.

- Gehen Sie nur mit einer Freundin zusammen einkaufen, wenn Sie denken, dass es Ihnen hilft und wenn Sie ihr Urteil schätzen.

- Nehmen Sie alles mit, zu dem das neue Stück passen soll.

- Bewahren Sie immer den Kassenbon auf, falls Sie ein Teil zurückgeben müssen und halten Sie Fristen ein.

Als Beispiel: Was Deutsche jährlich wegwerfen

36,6 Mio.
Tonnen Haushalts-abfälle

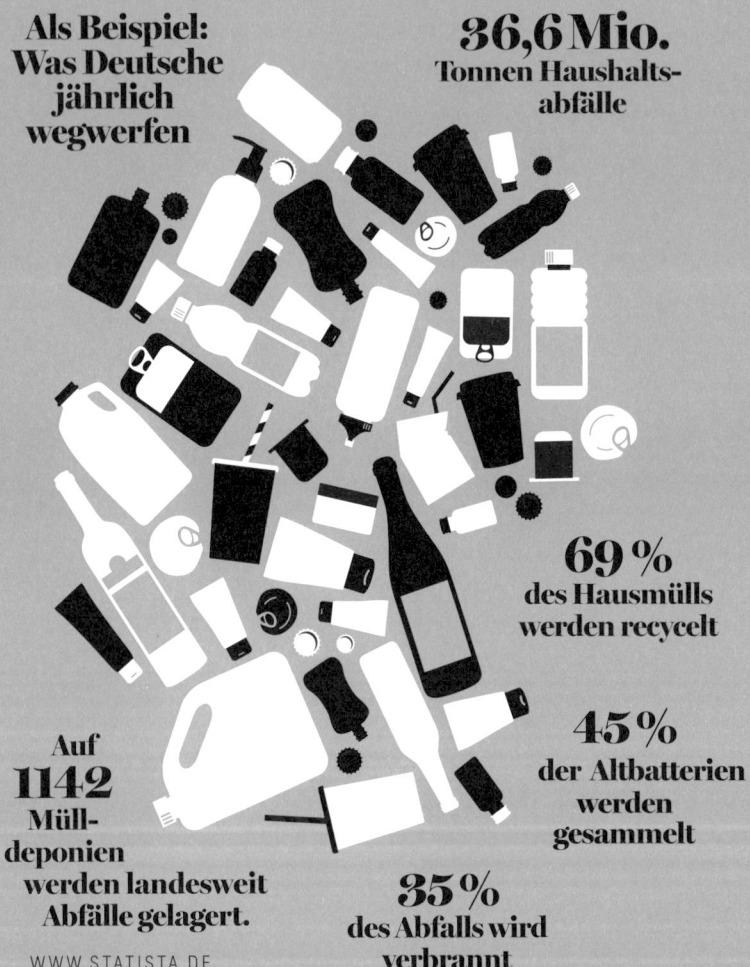

69 %
des Hausmülls werden recycelt

45 %
der Altbatterien werden gesammelt

Auf **1142** Müll-deponien werden landesweit Abfälle gelagert.

WWW.STATISTA.DE

35 %
des Abfalls wird verbrannt

Wiederverwenden

Der Erfolg von Online-Marktplätzen wie eBay, eBay Kleinanzeigen und spezialisierten Websites wie Kleiderkreisel ist ein Beleg für die Möglichkeiten des Entrümpelns. Was Sie nicht wollen, könnte ein anderer suchen, und es gibt reichlich Alternativen, um ungeliebtes Zeug loszuwerden – ob als Spende oder gegen Geld.

Unerwünschte Geschenke dürfen Sie weiterverschenken, achten Sie nur darauf, niemandes Gefühle zu verletzen, wenn Sie ein Geschenk weggeben, das jemand mit Sorgfalt für Sie ausgewählt hat.

Die Seele jeder Ordnung ist ein großer Papierkorb.

Kurt Tucholsky

Recyceln

Von Glas, Plastik, Kleidung und Papier bis zu Kompost, Batterien und Elektronikartikeln ist es unerlässlich, Dinge zu recyceln, um die Umweltverschmutzung durch Mülldeponien zu verringern. Heutzutage kann fast alles recycelt werden – Tintenpatronen für den Drucker, Handys, Brillen, Videokassetten und sogar alte BHs. Eine rasche Online-Suche wird Ihnen zeigen, was in Ihrer Gegend möglich ist. Sie werden sich nicht nur besser fühlen, etwas loszuwerden, das Sie nicht mehr benutzen, mögen, wollen oder unterbringen können, Sie dürfen außerdem das gute Gefühl haben, Ihren Teil für den Erhalt unseres Planeten beizutragen.

Die Freude des Listen-Erstellens

Manche sind geborene Listenschreiber, andere nicht.

Wenn Ihnen die Vorstellung, Listen zu führen, zuwider ist, Sie aber mehr Zeit und Ordnung anstreben, sollten Sie der Liste eine zweite Chance geben. Listen sind eine einfache Art der Organisation, da schon der Akt des Listenführens uns zum Innehalten und Nachdenken zwingt, um den effektivsten Weg, Dinge zu erledigen, in logischer Abfolge zu planen, während das Niederschreiben dabei hilft, unsere Gedanken zu sammeln.

Menschen lieben Listen, weil sie ein Gefühl von Sicherheit in einer chaotischen Welt vermitteln. *Shaun Usher, Lists of Note*

Wir legen Listen von Orten an, die wir besuchen wollen, von Büchern, die wir lesen möchten, von Lebensmitteln, die wir kaufen müssen, von Aufgaben, die wir zu erledigen haben, und von Gedanken, die wir behalten möchten.

All dies ist mit positiver Psychologie verknüpft. Das Anlegen einer Liste ist oft ein erster Schritt, um sich einer Aufgabe zu widmen, es ordnet die Gedanken und lässt das, was getan werden muss, leichter durchführbar erscheinen. Es nimmt einem auch den Stress, sich an alles erinnern zu müssen; niedergeschrieben wirken Ihre geordneten Gedanken wie eine Checkliste. Sie haben ein Gefühl von Kontrolle, weil Sie die Details zu Papier gebracht haben, und es ist befriedigend, Dinge nach ihrer Erledigung abhaken zu können.

> **Die Liste ist der Ursprung der Kultur. Sie ist Teil der Kunst- und Literaturgeschichte. Was will die Kultur? Die Unendlichkeit begreifbar machen ... Und wie tritt man der Unendlichkeit als Mensch entgegen? Wie fasst man das Unbegreifbare? Durch Listen ...**
>
> *Umberto Eco, Philosoph und Schriftsteller*

Ein wenig Wissenschaft

Das Führen von Listen wirkt auch dem sogenannten Zeigarnik-Effekt entgegen, benannt nach der sowjetischen Psychologin Bluma Zeigarnik, die in den 1920er-Jahren feststellte, dass Kellner in einem belebten Restaurant in Wien sich eher an Bestellungen erinnerten, die noch nicht bezahlt waren als an die bereits bezahlten – aber nur, bis die Aufgabe erfüllt war. Sobald eine Bestellung beglichen war, vergaßen sie sie auf der Stelle.

Zeigarnik entwarf eine Reihe von Experimenten, die erklären sollten, weshalb unabgeschlossene Aufgaben sich im Gedächtnis festsetzen und veröffentlichte ihre Forschungen 1927. Anscheinend wollen wir grundsätzlich beenden, was wir einmal angefangen haben, ansonsten macht uns das Unabgeschlossene zu schaffen. Aus diesem Grund behalten wir Details unvollendeter Aufgaben im Kopf, bis sie abgeschlossen sind – ein bisschen so, als hätte man einen Ordner im Computer ständig geöffnet, wodurch alles andere verlangsamt wird. Eine Liste anzulegen befreit uns, indem unerledigte Aufgaben aus unserem Arbeitsspeicher – wo wir sie aus Angst vor dem Vergessen aufbewahrt haben – gelöscht und an einem sicheren Ort abgelegt werden, an dem wir sie wiederfinden können.

Anleitung für das Anlegen einer Liste

Eins der einfachsten Beispiele für eine gute Liste ist das Kochrezept. Als Erstes präsentiert es Ihnen eine Aufzählung an Zutaten, die Sie abhaken, bevor Sie loslegen, dann listet es auf, was in welcher Reihenfolge getan werden muss, um Ihr Ziel zu erreichen.

Dasselbe Prinzip kann auf alle Listen angewendet werden, die Sie tagtäglich führen. Nehmen wir zum Beispiel den Lebensmitteleinkauf. Artikel aufzuschreiben, wie Sie Ihnen gerade in den Sinn kommen – mit der Notizfunktion Ihres Smartphones oder auf der Rückseite eines Briefumschlags –, ist ein hilfreicher Anfang. Die benötigten Artikel nach Gruppen zu sortieren, wirkt als Gedächtnisstütze; sofern Sie im Supermarkt einkaufen gehen, stehen überdies ähnliche Waren in einem Gang, was eine weitere Zeitersparnis bedeutet. Und gehen Sie regelmäßig im selben Supermarkt einkaufen, können Sie die Artikel in der Reihenfolge auflisten, in der Sie sich durch das Geschäft bewegen.

Ihre Liste könnte also in etwa so aussehen:

› Kartoffeln	› Milch	› Rinderhack	› Toilettenpapier
› Karotten	› Butter	› Spülmittel	› Zahnpasta
› Äpfel	› Joghurt	› Müllbeutel	› etc.

Und dann landen Sie hoffentlich mit allem, was Sie kaufen wollten, an der Kasse: nicht mehr und nicht weniger!

Listen und Kreativität

Listen können auch die Kreativität befördern – und in Mindmaps umgewandelt werden, die bei Brainstorming-Sitzungen so beliebt sind. Noch einmal: Durch das Niederschreiben schaffen Sie greifbare Aufzeichnungen und Quellen, auf die Sie in einem späteren Stadium zurückkommen können. Kein Wunder, dass so viele Schriftsteller und Kreative jederzeit Notizbuch und Stift mit sich herumtragen. Eine Liste von Worten und Gedanken zu erstellen, kann der erste Schritt sein, um den kreativen Prozess des Schreibens in Gang zu setzen.

Diese Listen lockten endlich meine besseren Sachen aus mir hervor. Ich ertastete mir den Weg hin zu etwas Ehrlichem, das unter der Falltür meiner Schädeldecke verborgen war.

RAY BRADBURY, AUTOR VON
FAHRENHEIT 451

Die Vorteile der Routine

Benjamin Franklin, einer der Gründerväter der Vereinigten Staaten, legte viel Wert auf Routine und Ordnung. Haben Sie sich je gefragt, von wem der Satz stammt: »Wer früh zu Bett geht und früh wieder aufsteht, wird gesund, reich und weise«? Es war Benjamin Franklin, ein großer Listen-schreiber, dessen tägliche Routine das Aufstehen um fünf Uhr morgens und das Schlafengehen um ein Uhr nachts beinhaltete (vermutlich mit einem Nickerchen dazwischen!). Um in einer zu Chaos tendierenden Welt erfolgreich zu sein, stellte Franklin im Alter von zwanzig Jahren seine erste Liste von 13 Tugenden zusammen. Er schrieb: »Gib allen Dingen ihren Ort und jedem Teil deiner Angelegenheiten seine Zeit.«

Ein Zeitplan schützt vor Chaos und Launen.
Annie Dillard, amerikanische Autorin

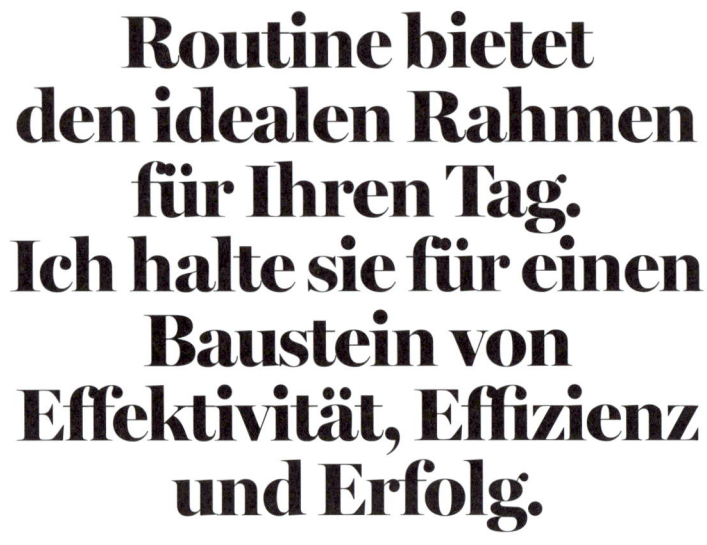

Routine bietet den idealen Rahmen für Ihren Tag. Ich halte sie für einen Baustein von Effektivität, Effizienz und Erfolg.

MIKE VARDY, PRODUKTIVITÄTSEXPERTE

Alltagsroutine

Alltagsroutine fällt meist in eine von zwei Kategorien: privat oder beruflich. An einem Arbeitstag ist es das Wichtigste, sich morgens und abends eine persönliche Routine zu schaffen, die zur Gewohnheit wird. Das kann Ihnen tagsüber Zeit für all die Dinge geben, die Sie tun möchten.

Abendroutine

Wie Sie Ihren Tag beenden, beeinflusst, wie der nächste beginnt. Deshalb ist es sinnvoll, sich eine abendliche Routine anzueignen.

› Schauen Sie in Ihrem Terminkalender nach, was am nächsten Tag ansteht.
› Überlegen Sie, was Sie benötigen – Schlüssel, Monatskarte, Arbeitsmappe, Sportsachen etc. –, und legen Sie es bereit.
› Wählen Sie das Outfit aus, das Sie tragen wollen, und überprüfen Sie, ob Ihre Schuhe geputzt und Ihre Bluse gebügelt ist (wenn Sie das lieber morgens erledigen, planen Sie genug Zeit ein).
› Machen Sie es sich zur Gewohnheit, abzuspülen oder die Spülmaschine anzustellen, Müll wegzuwerfen und das Wohnzimmer vor dem Schlafengehen aufzuräumen – dann fühlt sich der Start in den Tag leichter an!

Morgenroutine

Eine morgendliche Routine befreit Sie von der Verpflichtung, sich darüber Gedanken zu machen, was Sie tun müssen, um rechtzeitig das Haus verlassen zu können – und gibt Ihrem Verstand damit morgens Zeit, sich Ihrem Körper anzupassen.

› Legen Sie als Erstes fest, wann Sie das Haus verlassen müssen, um Ihr Ziel pünktlich zu erreichen. Von da an arbeiten Sie sich mit der Zeitplanung rückwärts vor.

› Stehen Sie früh genug auf, um alles zu tun, was Sie tun möchten – beispielsweise duschen, frühstücken, Sport treiben –, bevor Sie gehen. Manchen von uns reichen zehn Minuten, um sich auf den Tag vorzubereiten, andere brauchen jedoch länger – seien Sie also realistisch.

› Planen Sie einen Puffer von zehn Minuten für unerwartete Dinge ein, die oft eintreten und Sie aufhalten können. Ansonsten haben Sie den Vorteil von ein wenig zeitlichem Spielraum.

Niemand kann zurückgehen und einen neuen Anfang schaffen, aber jeder kann heute beginnen und ein neues Ende kreieren. *Maria Robinson, Expertin für kindliche Entwicklung*

Keine Angst vor Routine

Statt Kreativität zu ersticken, verschafft uns eine effektive und zeiteffiziente Routine Zeit, um innezuhalten und einfach das Leben zu genießen. Außerdem können wichtige Aufgaben mithilfe eines festen Tagesablaufs ohne viel Nachdenken erfüllt werden, wodurch der Verstand die Freiheit zum Wandern und Wundern erlangt.

Tatsächlich verhilft eine gewisse Routine vielen kreativen Geistern zum Erfolg. In einer Bank zu arbeiten, hat T. S. Eliots Kreativität keinen Abbruch getan; und wie lange er in der Nacht zuvor auch getrunken haben mochte – Ernest Hemingway stand regelmäßig um halb sechs morgens auf, um zu arbeiten. Haben Sie die Vorzüge der Gewohnheit einmal entdeckt, werden Sie, genau wie diese Schwergewichte des 20. Jahrhunderts, womöglich nie wieder ohne sie leben wollen.

Feste Tagesabläufe befreien Sie von der Notwendigkeit, darüber nachzudenken, was Sie wann tun sollten (was Zeit und Energie in Anspruch nimmt), denn sobald eine Routine eingeführt ist, haben Sie diese Entscheidungen bereits getroffen.

HEIDI GRANT HALVORSON, SOZIALPSYCHOLOGIN

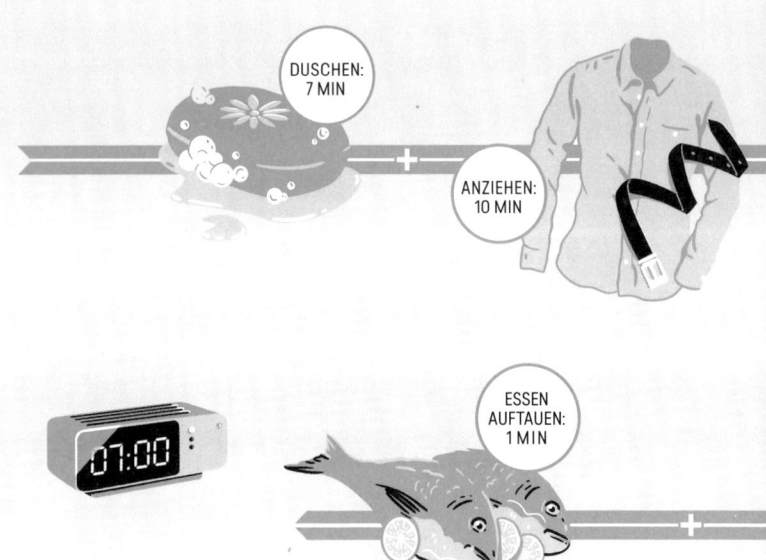

DUSCHEN: 7 MIN

ANZIEHEN: 10 MIN

ESSEN AUFTAUEN: 1 MIN

07:00

Für all dies brauchen Sie etwa

51 Minuten

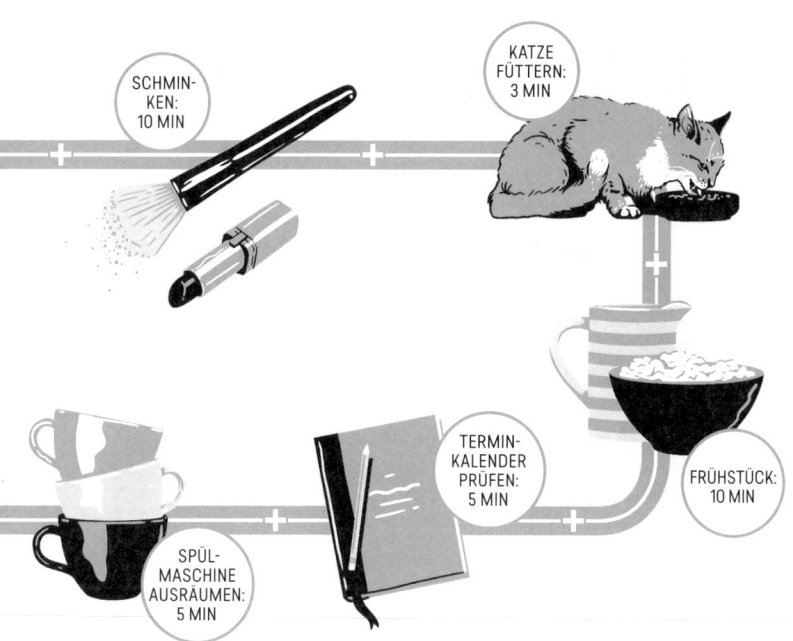

SCHMIN-
KEN:
10 MIN

KATZE
FÜTTERN:
3 MIN

SPÜL-
MASCHINE
AUSRÄUMEN:
5 MIN

TERMIN-
KALENDER
PRÜFEN:
5 MIN

FRÜHSTÜCK:
10 MIN

**Wenn Sie das Haus also um acht Uhr
verlassen müssen, damit Sie pünktlich
ankommen, sollte Ihr Wecker um
sieben Uhr klingeln.**

Familienorganisation

Sein eigenes Leben zu organisieren ist eine Sache; das Leben anderer
zu organisieren ist eine erlernbare Fähigkeit, nicht zuletzt, weil Sie den
organisatorischen Gewohnheiten anderer entgegenkommen müssen.

Es kann schwierig sein, mit jemandem zusammenzuleben, der einen
anderen Organisationsstil hat als Sie. Und dann gibt es noch die Familie. In
ihr kann die organisatorische Mischung zum Verzweifeln vielfältig sein!

> **Eine Familie ist ein Ort, an dem Prinzipien auf dem Amboss des täglichen Lebens zurechtgehämmert und -gefeilt werden.** *Charles R. Swindoll, christlicher Pfarrer*

Ihre Familie mag aus Ihnen und Ihrer Katze bestehen – fürs Erste. Oder aus Ihnen und Ihrem Partner. Oder aus Ihnen, Ihrem Partner und sechs Kindern – von denen ein paar nicht Ihre eigenen sind. Doch meistens bleibt die allgemeine Alltagsorganisation unweigerlich an einer Person hängen.

Diese Person könnten Sie sein. Und auch wenn Sie diese Verantwortung gern annehmen, ist es hilfreich, zu überlegen, was Sie sinnvollerweise delegieren, aufteilen oder ignorieren, mit Ihrem Partner aushandeln oder in Auftrag geben können, wenn Ihre Kinder größer werden. Möchten Sie, dass alle eine grundlegende Ordnung schaffen und halten können und dass Ihren Kindern Alltagskompetenzen vermittelt werden, fangen Sie am besten früh an und schnappen sie sich, solange sie klein sind.

Familienphilosophie

Wenn Sie am Ende nicht alles selbst tun möchten, verbreiten Sie in Ihrer Familie die Philosophie, dass Sie alle als Team zusammenarbeiten. Auf diese Weise ist es nicht Ihre Aufgabe, abzuspülen, es ist lediglich etwas, das getan werden muss – ein wichtiger Punkt, wenn Sie gefragt werden, ob Sie Hilfe benötigen. Ohne darauf herumzureiten, lautet die Antwort auf solche Hilfsangebote: »Ja – der Abwasch muss gemacht werden und es wäre gut, wenn du das tust. Danke.«

Sie mögen der Kopf der Familie sein, das bedeutet jedoch nicht, dass der Beitrag der anderen weniger zählt – und der Abwasch ist nur einer von vielen Jobs, die getan werden müssen, um die Familie am Laufen zu halten. Es aus dieser Perspektive zu betrachten kann hitzige Situationen ent-schärfen, da es nicht die Aufgabe des einen oder anderen ist – es ist einfach etwas, das getan werden muss.

Setzen Sie Prioritäten

Entscheiden Sie, was für Sie und Ihre Familie von essenzieller Bedeutung ist, was nützlich, ein optionales Extra oder wofür das Leben einfach zu kurz ist:

› **essenziell:** pünktlich in der Schule sein, saubere Unterwäsche, Recycling …
› **nützlich:** das Bad nach jedem Benutzen putzen, Toilettenpapier in großer Menge kaufen …
› **optionales Extra:** Sockenschublade sortieren, Möbel polieren, Blumen arrangieren …
› **das Leben ist zu kurz:** Brot backen, Fenster putzen (bezahlen Sie jemanden dafür), Bettlaken bügeln …

Ihre Prioritätenliste wird ganz individuell ausfallen. Wenn Sie beispielsweise gern Brot backen oder Möbel polieren, kann dies Teil Ihres Beitrags zum Familienleben sein.

Mahlzeiten

In einer perfekten Welt bildet die Gelegenheit, eine Mahlzeit miteinander zu teilen, den Kern des Familienlebens. In der Realität haben unsere hektische Lebensweise und die kollidierenden Ansprüche, die durch Familie, Arbeit, Schule und Sozialleben entstehen, die Folge, dass Familienmahlzeiten zu einer komplizierten und stressigen Angelegenheit werden können.

Regelmäßige Essenszeiten – mit einer gewissen Flexibilität –, von denen nur in Ausnahmefällen abgewichen wird, können die familiäre Harmonie befördern. Natürlich brauchen wir Essen als Nahrung, aber eine Mahlzeit gemeinsam mit der Familie einzunehmen, bietet uns auch eine regelmäßige, ungezwungene Gelegenheit des Austauschs, um wichtige sowie unwichtige Neuigkeiten, Ideen und Ziele innerhalb der Familie zu besprechen.

Kinder waren nie gut darin, auf die Älteren zu hören, doch sie haben nie darin versagt, sie zu imitieren.

JAMES BALDWIN,
AMERIKANISCHER SCHRIFTSTELLER
UND GESELLSCHAFTSKRITIKER

Zeit ...

Das zweite große Thema bei der Organisation einer Familie ist Zeit. Die Zeit eines jeden Familienmitglieds wird durch Vielerlei beansprucht – von Meetings im Büro über Elternabende bis zum Schwimmunterricht – und das will organisiert werden.

Ein Familienwandplaner oder Kalender kann hier eine großartige Hilfe sein und sollte regelmäßig auf den neuesten Stand gebracht werden. Um sich leichter zurechtzufinden, kann jedem Familienmitglied eine eigene Farbe zugeordnet werden – und eine Notiz hinzugefügt, wenn ein Termin die Beteiligung eines anderen erfordert: Wenn beispielsweise ein Elternteil benötigt wird, um ein Kind an einen bestimmten Ort zu bringen.

Zusätzlich kann ein regelmäßiges Abstimmen der Terminkalender – einmal pro Woche beim Abendessen – in viel beschäftigten Familien eine Gelegenheit sein, Dinge ausführlicher zu besprechen und Pläne zu beschließen. Es ermutigt Kinder außerdem, sich an Familienentscheidungen zu beteiligen, Abmachungen zu treffen und Verantwortung für das zu übernehmen, was sie beitragen oder tun müssen.

Die Familie ist das Land des Herzens.

Giuseppe Mazzini, italienischer Revolutionär

Kleine Kinder

Ab welchem Alter kann ein Kind anfangen, seinen Beitrag zur Organisation des Familienlebens zu leisten? Wieder kann dies von Familie zu Familie unterschiedlich sein, doch selbst ein Kleinkind kann helfen, seine Spielsachen nach dem Spielen wegzuräumen. Tatsächlich kann das Aufräumen der Spielsachen ein fast genauso gutes Spiel sein wie das Spielen selbst. Gestalten Sie es einfach, indem Sie eine Kiste oder einen Korb verwenden, worin Bücher, Stofftiere, Bauklötze und so weiter leicht verstaut werden können. (Wenn Sie die Behälter nach Farben ordnen, können Sie das »Spiel« erweitern, indem Sie Ihr Kleinkind ermuntern, die Spielsachen nach Gruppen zu sortieren.) Und führen Sie nach jedem Spiel fünf Aufräumminuten ein, so wird von frühem Alter an das Ordnunghalten zur Gewohnheit.

Unterschätzen Sie nie das Beispiel, das Sie Ihren Kindern geben: Sie werden sich immer an Ihnen orientieren.

Eine Bemerkung zum Teenagergehirn

Haben Sie sich je gefragt, weshalb Ihr Teenager so hoffnungslos unordentlich ist? Das liegt an einer massiven Entwicklungsveränderung im Gehirn, insbesondere im frontalen Cortex – dem Bereich, der zuständig ist für die Ausführungsplanung, für die Fähigkeit, mehr als einen Gedanken im Kopf zu behalten, dafür, zukünftige Aufgaben zu planen, seine Aufmerksamkeit auf etwas zu richten, impulsives Verhalten zu kontrollieren und sich ganz allgemein zu organisieren.

Es wird ihm (und Ihnen!) helfen, wenn Sie einfache Strategien vorschlagen, was das Verlieren von Schlüsseln, das Verpassen des Schulbusses, die Planung der Hausaufgaben und die Einteilung von Zeit angeht, beinahe so, als wäre er – frustrierenderweise – noch viel jünger. Es ist ein Reifeprozess, der bei manchen länger dauert als bei anderen und zugleich eine Gelegenheit, Selbständigkeit zu erlernen, was ihm im Erwachsenenleben zugute kommen wird.

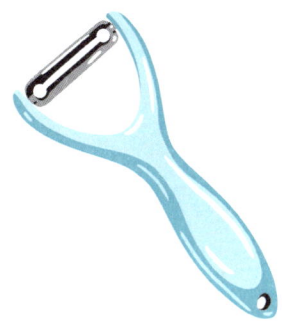

Hausputz

Bewahren Sie nichts in Ihrem Haus auf, von dem Sie nicht wissen, dass es nützlich, oder glauben, dass es schön ist.
William Morris

Morris hat ganz recht, wenn es darum geht, wie wir unser Zuhause sauber und ordentlich halten. Er führt zwei Eigenschaften an – Nützlichkeit und Schönheit –, die uns bei der Entscheidung helfen, welche Besitztümer wertvoll oder notwendig für unseren Alltag sind.

Das Beispiel mit dem Kartoffelschäler
Die Vorstellung davon, was notwendig ist, mag sich ändern, aber – wie Sie es auch drehen und wenden – Sie benötigen ein und denselben Gegenstand nicht zweimal. Besitzen Sie also einen Kartoffelschäler, den Sie verwenden

und mögen, ist es dann sinnvoll, noch einen zweiten zu haben – oder einen dritten oder vierten? Oder, falls Sie nie Kartoffeln schälen, gibt es keinen Grund, überhaupt einen zu besitzen. Nach dieser Logik wird es viel einfacher, unwichtige Gegenstände aus Ihrem Haushalt zu entfernen, Ihren Besitz zu entrümpeln und den Weg freizumachen für ein weniger stressiges Leben.

Was der Geist fassen kann, kann der Geist schaffen.

W. Clement Stone

Anfangen

Zu leicht lässt man sich durch sentimentale Bindung, Erinnerungen und Assoziationen ablenken. Um nicht von Unentschlossenheit überwältigt zu werden, ist einer der besten Wege zum Entrümpeln und Neuordnen Ihres Zuhauses, Ihre Besitztümer nach Bereichen anzugehen – Kleidung, Bücher, Geschirr und so weiter. Das erleichtert Ihnen Entscheidungen und hilft auch beim nächsten Schritt. Wenn Sie etwa Bücher aussortieren – wobei sechs Bücher oder auch sechs Bücherkisten herauskommen können, die sie loswerden möchten –, können Sie, nachdem Sie alle durchgegangen sind, den Punkt Bücher sofort als erledigt abhaken und zu Ihrem nächsten Bereich übergehen – etwa Ihrem Kleiderschrank.

Beginnen Sie damit, die Teile auszuwählen, die Sie auf jeden Fall behalten wollen (und die die Kriterien auf den Seiten 28-29 erfüllen), bevor Sie den Rest zusammenpacken, um ihn für wohltätige Zwecke zu spenden, zu recyceln oder wegzuwerfen.

Einige Aspekte der Organisation unseres Heims hängen davon ab, was wir dort alles tun. Wenn wir etwa von zu Hause aus arbeiten, müssen wir Platz für alle Materialien oder Gegenstände schaffen, die wir für unsere Arbeit benötigen, und diese ordnen. Vielleicht haben wir dafür ein eigenes Zimmer oder wir müssen Platz in unserem Wohnzimmer schaffen.

Ordnung in der Küche

Ob Sie nur eine kleine Küche oder eine riesige Wohnküche haben – die Prinzipien für die Nutzung dieses Raums bleiben dieselben: Hier werden Ihre Mahlzeiten gelagert, vorbereitet und gekocht, hinterher wird geputzt und abgewaschen. Diese Funktionen muss eine Küche erfüllen.

Wenn es um die grundlegende Ordnung in der Küche geht, benötigen Sie leicht zu reinigende Oberflächen, Platz zum Arbeiten und Stauraum für Küchenutensilien, die gerade nicht in Gebrauch sind. Ein weiterer wichtiger Aspekt ist der der Sicherheit – nicht nur in Sachen Lebensmittelhygiene, sondern auch für Sie persönlich, da Sie mit scharfen Werkzeugen und heißen, manchmal kochenden Flüssigkeiten hantieren werden. Eine chaotische Küche kann zu Unfällen führen – Verbrennungen, Verbrühungen, Schnitte und Ausrutscher auf Übergeschüttetem –, was sie zum potenziell gefährlichsten Raum im Haus macht!

Die Ausstattung Ihrer Küche wird Ihnen bei der Ordnung helfen und kann in sechs Hauptbereiche eingeteilt werden, die zwingend miteinander harmonieren müssen:

1. Lagerung von Lebensmitteln
2. Zubereitung von Mahlzeiten
3. Aufbewahrung von Küchengeräten
4. Herd
5. Spüle und Wasseranschluss
6. Müll (kann Kompost und Recycling umfassen)

Orte zum Lagern von Lebensmitteln

Diese umfassen Ihren Kühlschrank, eine Speisekammer für die Glücklichen unter uns, meist aber einen Schrank oder mehrere Schränke für trockene Vorräte, Dosen oder Flaschen.

Bewahren Sie ähnliche Kochzutaten gemeinsam auf: Auf einem Schrankbrett könnten Nudeln, Reis und Ähnliches stehen, auf ein anderes stellen Sie Brühwürfel, Gewürze, Salz und Pfeffer. Wenn Sie nicht oft zu Hause kochen, werden Sie nur begrenzte Vorräte benötigen.

In Ihrem Kühlschrank bewahren Sie am besten Nahrungsmittel auf, die schnell verderben – Milch, Fleisch, Salat, Gemüse etc. Überprüfen Sie sie regelmäßig, werfen Sie verdorbene Lebensmittel weg und achten Sie darauf, wie lange Sie die Nahrungsmittel bereits im Kühlschrank gelagert haben.

Zeit sparen

Wenn Sie gern kochen, können Sie größere Mengen zubereiten und dann einfrieren, damit Sie unter der Woche rasch fertige Mahlzeiten haben und keine Fertiggerichte aus dem Supermarkt kaufen müssen. Pastasaucen, Fleischeintöpfe und Currygerichte können Sie am selben Tag genießen, dann die Reste einfrieren und zu einem späteren Zeitpunkt auftauen und neu erhitzen.

Bereich zum Zubereiten von Mahlzeiten

Idealerweise sollte dieser sich zwischen Ihrem Kochbereich und dem Wasseranschluss befinden. In einer kleinen Küche ist dies nicht schwer, doch in einer großen Küche müssen Sie eventuell umstellen, um den Platz am besten zu nutzen.

Aufbewahrung

Schnell hat sich eine Vielzahl an Töpfen und Pfannen angesammelt, die abhängig von Ihren Kochkenntnissen und Vorlieben schlicht oder speziell sind. Manche werden Sie jeden Tag verwenden, andere nur gelegentlich.

Das Zubehör, das Sie jeden Tag verwenden, sollte sofort griffbereit sein, entweder in einem Schrank in der Nähe des Zubereitungs- oder Kochbereichs oder an einer Stange aufgehängt, je nach Gestaltung Ihrer Küche. Speziellere Geräte können Sie an weniger zugänglichen Orten aufbewahren. (Noch besser: Wenn Sie diese Geräte nur einmal im Jahr verwenden, werden Sie sie los!)

Es gibt unendliche Möglichkeiten zur Aufbewahrung von Nahrungsmitteln – von luftdicht verschließbaren Plastikboxen bis zu Serviertellern. Ebenso gibt es geniale Mittel, den heißbegehrten Platz in Ihrer Küche besser zu nutzen. Sind etwa Ihre Regalbretter zu weit auseinander angebracht, können Ihnen Regaleinsätze, Türregale, Geschirrständer und Ähnliches helfen, mehr unterzubringen.

Bewahren Sie zerbrechliches Glas nicht zusammen mit Ihrem Geschirr auf, und räumen Sie schwere Gegenstände idealerweise direkt über oder unter Taillenhöhe.

Verfügen Sie über ein Esszimmer, können Sie darin etwas Platz im Schrank für Essbesteck, Tischdecken, Untersetzer, Servietten, Geschirr und Gläser reservieren – auf diese Weise sind sie näher an dem Tisch, an den Sie sich zum Essen setzen.

> **Wenn Sie keine Plätzchen backen, brauchen Sie auch nicht zwanzig Plätzchenformen.**
> *The Minimalists, Joshua Fields Millburn & Ryan Nicodemus*

71

Kochbereich

Idealerweise sind die Oberflächen zu beiden Seiten von Ofen und Kochfeld hitzebeständig, sodass Sie etwas Heißes aus dem Ofen oder vom Herd darauf stellen können, ohne Ihre Arbeitsfläche zu beschädigen. Wenn dies nicht der Fall ist, müssen Sie sich ein hitzebeständiges Brett zulegen.

Müllentsorgung

Wenn genügend Platz ist, kann der Müllbehälter eingebaut sein, gewöhnlich unter der Spüle. Müssen Mülleimer und Recyclingtonne frei stehen, stellen Sie sie so nah wie möglich an die Spüle. Die Nähe zu Ihrem Abwaschbereich erleichtert Ihnen die regelmäßige Desinfektion.

Regelmäßige Aufgaben, um Ordnung in der Küche zu schaffen

Womöglich tun Sie das meiste hiervon bereits, um Ordnung zu halten – falls nicht, halten Sie sich an diese Vorschläge, um Ihre Küche effizienter zu organisieren.

Einmal täglich: Spülen und wischen Sie alle Oberflächen ab. Wenn Sie Haustiere halten, könnten Sie einen antibakteriellen Reiniger verwenden, ansonsten genügt heißes Seifenwasser gegen die meisten Keime.

Waschen und wringen Sie Spüllappen aus – lassen Sie sie nicht tropfnass liegen, sonst sammeln sich Keime an.

Wischen Sie alles, was auf einer Herdplatte verschüttet wurde, sofort oder am Ende eines Kochvorgangs auf, andernfalls kann es eintrocknen und schwerer zu entfernen sein.

Halten Sie Schneidebretter für Gemüse von denen für Fleisch getrennt, um gegenseitige Kontamination zu vermeiden. Und verwenden Sie nicht dasselbe Brett, auf dem Sie Zwiebeln, Knoblauch oder Pfefferschoten schneiden, für das Brot, da es sonst den Geschmack annehmen wird. Auch hier sollte ein kurzer Abwasch mit heißem Seifenwasser mit anschließendem Trocknenlassen nach jeder Verwendung ausreichen.

Alle paar Tage: Waschen Sie Geschirrtücher bei 60°C: Sie bleiben oft eine Weile feucht, womit Sie Keimen guten Nährboden bieten. Wenn Sie die Tücher in der Sonne trocknen, kann das UV-Licht alle restlichen Bazillen zerstören.

Einmal pro Woche: Desinfizieren Sie Spüllappen, Spüle, Mülleimer und Abflüsse – eine Lösung aus Wasser und Haushaltsbleiche sollte ausreichend sein (folgen Sie den Anweisungen auf der Flasche).

Sehen Sie nach, ob sich im Kühlschrank abgelaufene Nahrungsmittel befinden, gekocht oder roh. Wischen Sie die Kühlschrankböden ab und reinigen Sie das Gemüsefach mit einer Natron-Mischung (Backsoda) – ein Esslöffel auf einen Liter warmes Wasser. Kaufen Sie es auf Vorrat in der Apotheke – es ist ein günstiger, sicherer Küchenreiniger, der Fett beseitigt und Gerüche reduziert.

Wenn Sie eine Mikrowelle haben, können Sie dieselbe Reinigungsmethode anwenden: Stellen Sie eine kleine Tasse Natronlösung hinein und erhitzen Sie sie eine Minute lang bei hoher Temperatur, sodass Ihnen der Dampf einen Teil der Arbeit abnimmt.

Verwenden Sie Natron ebenfalls, um Abflüsse von Fett zu befreien, indem Sie eine kleine Tasse ins Abflussloch schütten. Spülen Sie danach mit etwas warmem Wasser, bevor Sie das Ganze eine Stunde ruhen lassen.

Einmal im Monat: Reinigen Sie den Ofen. Wenn Sie Essensreste immer gleich aufgewischt haben, sollte dies nicht allzu aufwendig sein. Durch eine regelmäßige Reinigung des Ofens vermeiden Sie hartnäckige Verschmutzungen und Rückstände, die schwer zu beseitigen sind. Wenn Sie den Ofen nicht oft verwenden, müssen Sie es nicht so regelmäßig tun – das hängt von Ihrem Lebensstil ab.

Einmal alle sechs Monate: Prüfen Sie, ob alles dort ist, wo es hingehört, ordnen oder verteilen Sie den Platz neu, je nachdem, was benötigt wird. Halten Sie Ausschau nach abgelaufenen oder fast abgelaufenen Produkten – verbrauchen Sie zuerst, was nicht mehr lange haltbar ist.

Einmal im Jahr: Gehen Sie Ihre Küchenutensilien durch und werfen Sie alles weg, was Sie ein Jahr lang nicht verwendet haben, was kaputt oder doppelt vorhanden ist.

Wischen Sie die Schränke aus.

Ordnung im Wohnzimmer

Heimat ist da, wo das Herz ist. *Anonym*

Den Hinweis gibt schon der Name. Ihr Wohnzimmer ist der Raum, in dem Sie die meiste Zeit über wohnen werden – sich mit Familie und Freunden treffen, fernsehen, Musik hören, sich entspannen und herumhängen. Womöglich arbeiten und essen Sie auch dort.

Tatsächlich kann ein Wohnzimmer so vielseitig genutzt werden, dass es Gefahr läuft, zu dem Raum zu werden, in dem sich alle möglichen Dinge ansammeln. Vermeiden Sie dies, indem Sie folgende Punkte beachten:

Für eine rasche Fünf-Minuten-Verschönerung leeren Sie Mülleimer, glätten Sie Kissen und Decken, räumen Sie Bücher ins Regal, werfen Sie verblühte Blumen weg, legen Sie DVDs auf einen Stapel und entsorgen Sie alte Zeitungen. Gewöhnen Sie sich an, dies vor dem Schlafengehen zu erledigen, und Sie werden geordneter in den neuen Tag starten.

Halten Sie Sessel und Sofas frei: Vergraben Sie sie nicht unter Kleidungsstücken, Mänteln, Papieren oder Büchern.

Vermeiden Sie Stapel auf dem Fußboden – halten Sie ihn frei. Das kann bedeuten, dass Sie Teppiche oder andere Bodenbeläge überdenken, die Sie ständig glatt ziehen müssen.

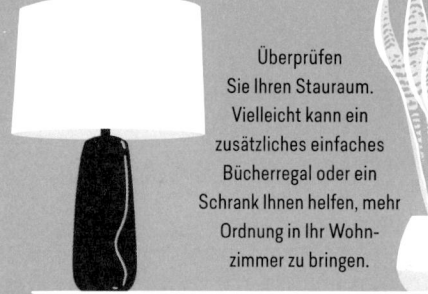

Überprüfen Sie Ihren Stauraum. Vielleicht kann ein zusätzliches einfaches Bücherregal oder ein Schrank Ihnen helfen, mehr Ordnung in Ihr Wohnzimmer zu bringen.

Sortieren Sie regelmäßig Bücher, Dekogegenstände, Fotos etc. aus – reduzieren, wiederverwenden, wiederverwerten (siehe Seite 31-39) –, um Regalbretter zu entrümpeln.

Stellen Sie einen Korb auf, in den Sie alles werfen können, was im Wohnzimmer gelandet ist, ohne dorthin zu gehören – Schuhe, Bücher, Kinderspielzeug, alte Zeitungen. Der Inhalt kann einmal täglich umverteilt, wiederverwertet oder entsorgt werden.

Gewohnheit ist Gewohnheit und lässt sich nicht einfach aus dem Fenster werfen, sondern muss eine Stufe nach der anderen die Treppe hinunter-gelockt werden.

MARK TWAIN

Einen kleinen Raum besser nutzen

Wie groß ein Wohnzimmer auch sein mag – sobald sich mehrere Familienmitglieder oder Besucher darin aufhalten, kann es eng werden. Auch nachdem Sie ausgemistet und Dinge zurück an ihren eigentlichen Platz verfrachtet haben (Mäntel an die Haken im Flur, Zeitungen zum Altpapier, Geschirr in die Küche etc.), können Sie weitere Dinge tun, damit Ihr Wohnzimmer größer und aufgeräumter wirkt.

› Entscheiden Sie sich für dezente Hintergrundfarben und Möbel in einem passenden Ton oder in seinen Schattierungen.
› Errichten Sie eine Regalwand, die vom Boden bis zur Decke reicht (passend zur Wandfarbe) für Bücher, DVDs, gerahmte Fotos und geliebte Dekorationsobjekte.
› Meiden Sie gemusterte oder unterschiedliche Teppiche: Ziehen Sie in Erwägung, Holzdielen abzuschleifen und neu zu streichen, falls sie nicht von guter Qualität sind.

Ordnung im Badezimmer

Ordnung im Badezimmer zu halten kann sich wie eine Sisyphos-Aufgabe anfühlen – hat man den Stein einmal nach oben gerollt, muss man gleich wieder von vorn anfangen. Das Hauptziel im Badezimmer besteht also darin, die Aufgaben zu optimieren, die wieder und wieder (und wieder!) getan werden müssen, um es ordentlich zu halten.

Aufbewahrung

Viele Badezimmer quellen schier über vor lauter Zeug, besonders wenn in der Familie unterschiedliche Badutensilien verwendet werden. Schnell hat man jede Menge Shampoos, Duschgels, Gesichtsreiniger und so weiter, die die Oberflächen im Badezimmer zustellen.

› Als Faustregel gilt: Räumen Sie alles weg, was Sie nicht täglich benutzen.

› Brauchen Sie Artikel auf, statt unendlich viele halb leere Flaschen herumstehen zu lassen.

› Sortieren Sie regelmäßig alles aus, was abgelaufen ist oder doch nie von Ihnen benutzt wird, und werfen Sie unnötige Verpackungen weg.

› Bewahren Sie kleinere Artikel in einer Schublade oder zwischen Regaltrennern auf, damit sie nicht umfallen und kaputt gehen.

› Wenn Sie wenig Platz haben, hängen Sie einen Schuhhalter an die Tür, in dem Sie Gegenstände unterbringen, die Sie nicht jeden Tag benutzen.

> Verwenden Sie Türhaken, um Kleidungsstücke aufzuhängen.
> Stellen Sie einen Wäschekorb ins Badezimmer, in dem schmutzige Kleidung sofort verschwinden kann, statt auf dem Boden herumzuliegen.

Handtücher

Handtücher sollten nicht mit anderen geteilt werden – und denken Sie daran, dass feuchte Handtücher perfekt für Keime sind und daher regelmäßig gewaschen werden müssen.

Eine Handtuchheizung oder ein Halter über der Heizung, erspart es Ihnen, jedes Mal ein frisches Handtuch verwenden zu müssen und reduziert umweltschädigendes Waschen und Trocknen.

Saubere Handtücher können zusammengefaltet in einem Schrank aufbewahrt werden. Wenn Sie Ihr Badezimmer mit einem Boiler heizen, ist dies der perfekte Ort für einen Wäschetrockenschrank.

Sortieren Sie Handtücher nach Größe: Waschlappen, Handtücher, Badetücher und Badelaken. Bei ausreichend Platz bewahren Sie jede Gruppe in einzelnen Behältern oder Fächern auf.

Badezimmerspielzeug

Mit Kindern kann die Badezeit ein fröhliches, aber auch feuchtes Ende des Tages bedeuten und Ihnen auferlegen, hinterher ein schaumiges Bad voller Plastikteile aufzuräumen. Verwenden Sie einen Plastikkorb, in dem Sie die nassen Spielsachen in der Wanne abtropfen lassen und den sie danach bis zum nächsten Mal aus dem Badezimmer befördern, vielleicht sogar in einem Schrank verstauen. Badezimmerspielzeug kann abwechselnd benutzt werden, damit der Haufen nicht zu groß wird, und es wird regelmäßig entsorgt, wenn es kaputt oder schimmelig ist.

Aufbewahrung in der Dusche

Duschen ohne Innenregal können von einer Hänge-vorrichtung über dem Duschkopf oder Behältern

mit Saugnäpfen an den Duschwänden profitieren, um Seife und Dusch-utensilien aufzubewahren.

Putzen

Halten Sie einen Badreiniger und einen Schwamm griffbereit, damit das Bad nach dem Benutzen rasch gesäubert werden kann, wenn es noch warm ist und sich Seifenschaum leichter entfernen lässt. Bewahren Sie einen Abzieher für die Glastüren in der Dusche auf. Wenn Sie es sich zur Gewohn-heit machen, direkt nach jedem Gebrauch die Glastüren abzuwischen, sparen Sie sich später langes Schrubben. Viele Abzieher lassen sich zur Auf-bewahrung mit einem Saugnapf an der Duschwand befestigen.

Beleuchtung

Sie benötigen natürlich vernünftiges Licht im Badezimmer, um sehen zu können, was Sie gerade tun – aber das Licht für ein entspannendes Bad dimmen zu können, ist eine Überlegung wert.

Wenn das nicht geht, können Duftkerzen und etwas Badeöl plus eventuell leiser, sanfter Musik Ihr Badezimmer in ein erholsames Privat-Spa verwandeln!

Ordnung im Schlafzimmer

Wir verbringen etwa ein Drittel unseres Lebens mit Schlafen, weshalb das Schlafzimmer eine wichtige Rolle spielt. Und weil wir es zum Schlafen und Regenerieren von Geist und Körper aufsuchen, sollte es bestenfalls ein Ort der Ruhe und Entspannung sein.

> **Wenn du die Welt verändern willst, fang damit an, indem du dein Bett machst.** *Admiral William H. McRaven, US-Oberbefehlshaber*

Das Bett

An erster Stelle sollte das Schlafzimmer ein Raum zum Schlafen sein. Aus diesem Grund steht das Bett im Mittelpunkt des Raumes – und es gibt kaum ein befriedigenderes Gefühl, als am Ende eines anstrengenden Tages in ein frisch gemachtes Bett zu schlüpfen. Wenn Sie sich in ein Bett voll zerwühlter Bettwäsche, verhedderter Laken und zerknitterter Kissen kämpfen müssen, das mit Kleidungsstücken und anderem Kram übersät ist, kann das Gefühl entstehen, nicht mit der Welt im Einklang zu sein und den Tag mit einem Misston zu beenden.

Ein einfacher Weg, Ihrem Leben ein geordnetes Gefühl zu verleihen, ist es, jeden Tag das Bett zu machen. Mit einer Stepp- oder Daunendecke ist das ganz schnell erledigt. Klappen Sie die Decke nach dem Aufstehen einfach zum Lüften auf, während Sie duschen und sich anziehen, schütteln Sie sie dann aus, streichen sie glatt und schütteln die Kissen auf – so ist alles bereit für Ihre Rückkehr. Sofort sieht das Schlafzimmer ordentlicher aus.

Wenn Ihr Bett tagsüber als Sofa herhalten muss, können Sie eine Tagesdecke oder einen Überwurf verwenden, um die Bettwäsche, in der Sie tatsächlich schlafen, sauber zu halten.

Schlaf

Manchen fällt das Einschlafen schwer, es kann also helfen, Ihr Schlafzimmer so einzurichten, dass es ein Ort der Ruhe und Entspannung ist. Stellen Sie besser keinen Fernseher oder Computer in Ihr Schlafzimmer: Es ist einfach zu verlockend, weiterzuschauen, zu arbeiten oder zu spielen, bevor Sie versuchen einzuschlafen. Das vom Bildschirm ausgehende Licht ist jedoch äußerst stimulierend und verhindert die Ausschüttung des schlaffördernden Hormons Melatonin. Wenn Sie im Bett lesen, verwenden Sie daher lieber Bücher als Geräte mit Hintergrundbeleuchtung.

Viele haben die Erfahrung gemacht, dass ein nachts schwierig erscheinendes Problem am Morgen gelöst ist, nachdem es vom Schlafkomitee bearbeitet wurde. *John Steinbeck*

Schränke

Da das Schlafzimmer gewöhnlich der Ort ist, an dem wir uns anziehen und den Tag beginnen, sind die Schränke, in denen wir unsere Kleidung aufbewahren, nach dem Bett die zweitwichtigsten Elemente im Raum. Wenn wir sie ordentlich halten, lässt sich alles schnell und leicht finden, und das Schlafzimmer sieht nicht länger aus wie ein Trödelmarkt, mit Kleidungsstücken auf Fußboden, Bett, Stühlen oder anderen Möbeln. Es dauert wirklich nicht länger, schmutzige Kleidung in einen Wäschekorb (im Schlafzimmer oder anderswo) statt auf den Boden zu werfen.

Kleidung hält länger und sieht besser aus, wenn sie nach dem Tragen gefaltet oder aufgehängt wird, aber das größte Problem für viele von uns ist, dass wir zu viele Kleidungsstücke für unseren Stauraum haben. Trifft dies auf Sie zu, ist es Zeit zum Kleiderausmisten (auf den Seiten 28-29 finden Sie Tipps) – damit Ihr Kleiderschrank ordentlicher wird. Nachdem Sie Ihre Garderobe auf die Stücke reduziert haben, die Sie tatsächlich tragen und die in Ihrem Alltag relevant sind, widmen Sie sich nun deren Organisation.

Frühjahrsputz für Ihren Schrank

› Hängen Sie Ihre Mäntel, Jacken, Kleider, Blusen und Hemden neben Hosen und Röcken auf ordentliche Kleiderbügel.

› Finden Sie ein System zum Ordnen Ihrer Kleidungsstücke, das für Sie sinnvoll ist, und halten Sie sich daran. Sie können Kleidungsstücke zum Beispiel nach Gruppen sortieren – etwa alle Kleider und alle Hemden zusammen –, nach Farben oder nach Jahreszeit.

› Wenn Sie Extra-Stauraum für Kleidung und Schuhe haben, die gerade außer Saison sind, nutzen Sie ihn – aber behalten Sie nichts, was Sie länger als ein Jahr nicht getragen haben.

› Legen Sie Stricksachen zusammen und stapeln Sie sie in einem Schrank-fach oder einer Schublade, statt sie auf Bügel zu hängen: So nehmen sie weniger Platz ein und bleiben besser in Form.

› Bewahren Sie Ihre gesamte Unterwäsche an einem Ort auf, Ihre Socken an einem anderen, um leicht an sie heranzukommen.

› Wenn Sie eine Kommode haben, sollten Sie jede Schublade für eine Sorte von Kleidungsstücken verwenden.

› Bessern Sie Kleidungsstücke aus und reinigen Sie sie, wenn nötig, bevor Sie sie wieder tragen und bewahren Sie zu diesem Zweck ein kleines Nähset in Ihrem Kleiderschrank auf (ein kostenloses aus dem Hotel ist ausreichend).

› Überprüfen Sie Schränke regelmäßig auf Motten, die Naturfasern be-schädigen können: mottenabweisende Zedernholzkugeln oder Lavendel können Wollsachen schützen.

Ordnung im Job

Wir verbringen in unserem Leben viel Zeit mit Arbeit, und sei es indirekt. Wenige von uns haben einen Beruf, bei dem sie nur auf sich selbst angewiesen sind; die meisten von uns müssen ihr Arbeitsleben um andere Menschen, deren Bedürfnisse und Strukturen herum organisieren – ob Sie nun KellnerIn, GeschäftsführerIn eines großen Unternehmens oder PraktikantIn bei einem Start-up sind.

Wer Sie auch sind und was Sie auch tun – wie Sie es tun, wird sich auf andere auswirken. Außerdem kann es hin und wieder Zeiten geben, in denen das Verhältnis zwischen Berufs- und Privatleben bei Ihnen nicht so ist, wie Sie es sich wünschen – ein kritischer Blick auf Ihre Organisation kann helfen, die Situation zu verbessern.

Zeitmanagement

Zeitmanagement spielt eine große Rolle bei einer verbesserten Organisation Ihres Arbeitslebens. Über die Jahre haben sich viele Arbeitsplatz-Gurus und Zeitmanagement-Experten über die entscheidenden Schlüsselaspekte der Organisation Gedanken gemacht, die sich zu zwölf Kernpunkten zusammenfassen lassen:

1. Unterscheiden Sie zwischen Dringendem und Wichtigem. Konzentrieren Sie sich auf diese Dinge, aber machen Sie nicht den Fehler, in Dringendem, aber Unwichtigem unterzugehen. Lernen Sie, Ihren Fokus auf das zu richten, was Ihnen auf lange Sicht am besten dient.

2. Setzen Sie sich Ziele. Wenn Sie bei der Arbeit nicht wissen, was Sie erreichen wollen, können Sie auch schwer erkennen, wann Sie es erreicht haben! Dies kann kleinere Aufgaben und bedeutende Leistungen über einen Tag, eine Woche, einen Monat oder ein Jahr umfassen – Sie entscheiden über Zeitraum und Deadline.

3. Nehmen Sie sich nicht zu viel vor. Seien Sie realistisch in der Einschätzung, wie lange die Erfüllung einer Aufgabe in Anspruch nimmt und geben Sie sich genug Zeit. Handeln Sie einen späteren Abgabetermin aus oder sagen Sie Nein, wenn es sein muss.

4. Setzen Sie sich realistische Deadlines. Wie schon beim vorherigen Punkt angesprochen: Lassen Sie sich nicht zu einem Zeitplan drängen, den Sie nicht einhalten können.

5. Planen Sie Ihre Zeit durch. Wir alle arbeiten auf verschiedene Weise, hat man etwas Erfahrung, wird das Planen leichter. Immer aber zahlt es sich aus, vorher zu überlegen, wie Sie sich Ihre Zeit am besten einteilen.

6. Kalkulieren Sie Puffer für Unvorhersehbares ein: Lassen Sie ein wenig Freiraum für unvorhergesehene Anforderungen, die jederzeit auftauchen können.

7. Beschäftigen Sie sich nur einmal mit den gleichen Dingen. Statt etwa eine E-Mail zu lesen und sie sich später erneut vorzunehmen, lesen Sie sie einmal und antworten Sie wenn möglich umgehend.

8. Entwickeln Sie Routinen. Routinen haben den Vorteil (siehe die Seiten 47-53), dass Sie weniger über Aufgaben nachdenken müssen, die regelmäßig anfallen.

9. Vermeiden Sie Multitasking. Sich auf eine Sache zu konzentrieren ermöglicht es Ihnen tatsächlich, eine Aufgabe schneller zu erledigen. Es ist eine viel effizientere und weniger stressige Arbeitsweise.

Geben Sie mir sechs Stunden, um einen Baum zu fällen und ich werde die ersten vier damit verbringen, meine Axt zu schärfen.

ABRAHAM LINCOLN

10. Vermeiden Sie Ablenkungen. Wenn
    Sie ständig E-Mails checken, während
    Sie an etwas arbeiten, stört das Ihre
    Konzentration und Sie vergeuden letzt-
    endlich wertvolle Zeit.

11. Delegieren Sie. Delegieren oder lagern
    Sie Arbeit aus, die von anderen erle-
    digt werden kann, wo auch immer es
    geht. Dafür müssen Sie lernen, einer
    Person genaue Anweisungen zu erteilen,
    damit sie abliefert, worum Sie sie
    bitten, ohne dass Sie ihr ständig auf
    die Finger schauen müssen. Gehen Sie
    sicher, dass sie genau weiß, was von
    ihr in welchem Zeitrahmen erwartet
    wird und was sie benötigt, um es zu
    erledigen. Lassen Sie sich bestätigen,
    dass sie Ihre Aufgabe verstanden hat
    – und dann mischen Sie sich nicht in
    alle Kleinigkeiten ein, sondern lassen
    Sie sie ihre Arbeit tun!

12. Planen Sie arbeitsfreie Zeiten ein. Der
    Sinn von gutem Zeitmanagement liegt
    allein darin, dass Sie nicht all Ihre Zeit
    mit Arbeit verbringen. Planen Sie also
    auch Auszeiten und ruhigere Tage
    in Ihren Arbeitsablauf ein. Denken Sie
    daran, dass wir oft zu Lösungen kom-
    men, wenn wir uns freinehmen und
    an etwas anderes denken.

Organisieren Sie Ihr Studentenleben

Für manche Studenten stellen die neue Unabhängigkeit und das Leben fern der häuslichen Familienstruktur eine wunderbare Befreiung dar. Anderen erscheint die Bewältigung des Alltags neben den Semesterstundenplänen, Abgabeterminen, Seminaren, Hausarbeiten und anderen Anforderungen wie eine nicht zu meisternde Herausforderung.

Entspannen Sie sich

Die Organisation Ihres Studentenlebens hat viel mit einfachem Zeit-management zu tun (siehe die Seiten 93-96) und mithilfe einiger grund-sätzlicher Richtlinien können Sie Ordnung schaffen und Ihre Pflichten erfüllen, ohne ins Schwitzen zu geraten. So können Sie diese einzigartige Phase in Ihrem Leben genießen, Freundschaften schließen und Spaß haben.

Ihre Zeit ist begrenzt; verschwenden Sie sie also nicht damit,

Arbeitsorganisation

> Richten Sie sich einen Arbeitsplatz ein (reservieren Sie das Bett zum Schlafen!) und legen Sie Zeitfenster fest, in denen Sie sich ohne Ablenkungen konzentrieren können.

> Überprüfen Sie Ihren Arbeitsplan regelmäßig und bringen Sie ihn auf den neuesten Stand – wenn nicht täglich, dann wöchentlich. Nutzen Sie digitale Hilfsmittel – Apps, Google Diary, den Kalender Ihres Smartphones – und verwenden Sie die Erinnerungsfunktion, um auf wichtige Abgabetermine hingewiesen zu werden.

> Lernen Sie, Prioritäten zu setzen – und nehmen Sie zuerst alles in Angriff, was Zeit zum Nachdenken, Recherchieren oder einen Beitrag anderer erfordert.

> Teilen Sie komplexe Aufgaben in kleinere, leichter zu bewältigende Häppchen ein, die am Ende ein Ganzes ergeben.

> Gehen Sie zur Vorbereitung auf ein Seminar oder eine Lehrveranstaltung Ihre vorangegangene Arbeit durch. Überprüfen Sie ebenso nach einer Vorlesung, was Sie im Anschluss tun müssen, um den Lernerfolg zu festigen.

> Schätzen Sie ein, wie viel Zeit für eigenständiges Lernen nötig ist, planen Sie diese Zeit ein und lassen Sie genug Raum für alle Vorbereitungen.

das Leben
eines
anderen zu
führen.

STEVE JOBS

Machen Sie Pausen. Legen Sie alle sechzig bis neunzig Minuten eine mindestens zehnminütige Pause ein und gehen Sie spazieren, trinken und essen Sie eventuell etwas, machen Sie ein paar Dehnungsübungen, schließen Sie die Augen und entspannen Sie sich zu Ihrer Lieblingsmusik.

Schalten Sie während der Dauer jedes Arbeitsblocks alle Ablenkungen aus – Telefon, E-Mail-Benachrichtigungen, Facebook etc.

Essen Sie während eines Lernmarathons ordentlich – Frühstück, Mittag- und Abendessen plus nahrhafte Snacks zwischendurch. Greifen Sie nicht zu Junkfood. Obst, Nüsse oder selbst gemachte Köstlichkeiten werden Ihnen besser tun.

Trinken Sie genug – am besten Wasser, Fruchtsäfte oder Kräutertees; meiden Sie kohlensäurehaltige und stark koffeinhaltige Getränke, die Sie aufputschen und zusätzlich unter Stress setzen.

Planen Sie – ob für zwei Tage oder einen einwöchigen Lernmarathon: Legen Sie fest, was Sie erreichen möchten, und teilen Sie es in Arbeitsblöcke auf, von der Vorbereitung bis zur Vollendung.

Schlafen Sie – Ihr Gehirn benötigt Auszeiten, um Informationen vom Arbeitsgedächtnis ins Langzeitgedächtnis zu befördern, was es während erholsamer Tiefschlafphasen erledigt.

Es erscheint immer unmöglich, bis es getan wird.

NELSON MANDELA

Managen Sie Ihre studentischen Finanzen

Vielleicht ist es das erste Mal, dass Sie sich selbst um Ihre Budgetplanung kümmern müssen (siehe Seite 127-129). In jedem Falle aber lohnt es sich, die Finanzen in den Griff zu bekommen, bevor Sie sich ins Studentenleben stürzen, vor allem wenn Sie mit BAföG, einem Studentenkredit, einem Stipendium und einem limitierten Einkommen auskommen müssen.

Berechnen Sie exakt, wie viel Sie während des Semesters zum Leben haben, wie hoch Ihre Ausgaben sind, was Sie benötigen, um sich gesund zu ernähren und wie groß Ihr Budget für Freizeit und Vergnügen ausfallen könnte. Wenn Sie darüber nicht Bescheid wissen, können Sie unmöglich berechnen, wie Ihr Geld für eine bestimmte Zeitspanne ausreichen soll. Wenn Sie Ihre Einkünfte kennen, teilen Sie sie in ein Semester-, Monats-, Wochen oder Tagesbudget auf, um ein böses Erwachen zu vermeiden und damit Sie nicht um elterliche Unterstützung oder teure Darlehen bitten müssen. Haben Sie das gemeistert, wissen Sie, ob Defizite auftreten können und Sie sich einen Nebenjob suchen müssen, der Ihnen bei der Finanzierung Ihres Studentenlebens hilft.

TOP-TIPP: Halten Sie nach allen Studentenangeboten Ausschau, die Ihnen zur Verfügung stehen – zum Beispiel ermäßigte Fahrscheine, kostenfreie Bankkonten, Ermäßigungen im Gesundheitsbereich und Studentenrabatte. Recherchieren Sie, melden Sie sich an und nutzen Sie diese Ermäßigungen: Sie werden Ihnen auf lange Sicht beim Sparen helfen.

GRUNDLEGENDE FÄHIGKEITEN FÜR STUDENTEN

Bevor Sie sich ins Studentenleben stürzen, sollten Sie Folgendes beherrschen:

- Ein paar einfache Mahlzeiten kochen – Spaghetti bolognese, Rührei, Ofenkartoffel, Auflauf, Chili con Carne, Ratatouille, Nudeln. Lernen Sie, günstigeres Gemüse mit teureren Zutaten zu veredeln.
- Eine Waschmaschine bedienen.
- Das Bad putzen (inklusive Toilette!).
- Rechnungen bezahlen.

Und schließlich … die Organisation einer Studenten-WG

Für viele Studenten ist es das erste Mal, dass sie sich ein Zuhause – sei es eine Wohnung, ein Haus oder eine andere Unterkunft – mit anderen Menschen teilen, die nicht ihre Familienmitglieder sind und ohne Elternteil, das hinter ihnen herputzt …

Auch wenn jeder sein eigenes Zimmer hat, muss sich jemand um Gemeinschaftsräume wie Küche, Bad und Wohnzimmer kümmern. Nun werden Sie, womöglich auch zum ersten Mal, herausfinden, wie unterschiedlich jeder Einzelne mit dreckigem Geschirr, Müllbeseitigung und Toilettenreinigung umgeht.

So gut es alle auch meinen und wie sehr sie es sich auch vornehmen: Das Bewältigen des Haushalts kann zum Problem und selbst für Optimisten zur Herausforderung werden. Lösen Sie Probleme besser, bevor sie eskalieren und führen Sie einen einfachen Putzplan ein, auf den sich alle einigen, *bevor* es zu Schwierigkeiten kommt. So bleibt es bei einer pragmatischen Verteilung von Aufgaben anstelle eines Streits, wer was tut oder nicht tut.

Projekt- und Eventmanagement

Projektmanagement lässt sich grob umschreiben mit »Dinge organisieren« und wird in der Arbeitswelt genutzt, um sicherzugehen, dass eine Aufgabe innerhalb eines bestimmten Zeit- und Budgetrahmens erledigt wird. Dabei handelt es sich nicht notwendigerweise um einen kontinuierlichen Prozess, was bedeuten kann, dass ein Projekt nach dem anderen abgeschlossen wird oder aber mehrere gleichzeitig, wobei eine Person die gesamte Leitung übernimmt.

Ein Projekt hat nach Definition einen begrenzten Zeitrahmen und ein festgelegtes Ziel. Dies zu begreifen – und die beiden Faktoren klar zu benennen – ist der erste Schritt. Von da ausgehend arbeiten Sie sich rückwärts vor und stellen jeden Schritt heraus, der getan werden muss.

Was allgemeine Organisation angeht, kann Projektmanagement nicht nur im Beruf, sondern auch an anderer Stelle ein hilfreiches Modell sein, insbesondere zur Planung von Veranstaltungen oder der Organisation eines Familienurlaubs. Ob Sie also einen Schulausflug in den Zoo für dreißig Achtjährige, ein Geburtstagsessen für zwölf Gäste oder eine Drei-Tage-Gala für achttausend Teilnehmer organisieren – viele der Hauptaufgaben sind dieselben.

Sechs Hauptschritte des Projektmanagements

1. **Definieren**: Was ist das Ziel des Projekts, was ist nötig, um es zu erreichen und wie wird ein erfolgreicher Abschluss aussehen?
2. **Initiieren**: Was müssen Sie für das Projekt vorbereiten oder einrichten, bevor Sie beginnen? Denken Sie daran, dass dazu auch andere Personen benötigt werden können.
3. **Planen**: Arbeiten Sie detailliert aus, was zur Erreichung des Ziels notwendig ist, über welche Ressourcen Sie verfügen und welche Kosten auf Sie zukommen; hier kann auch das Delegieren von Aufgaben an andere ins Spiel kommen.
4. **Ausführen**: In diesem Schritt führen Sie die zum Erreichen des Projektziels notwendigen Arbeiten durch.
5. **Kontrollieren**: Fortschritte im Auge behalten, Vorgaben erfüllen, andere am Projekt Beteiligte anleiten und – sollte etwas schiefgehen – die notwendigen Schritte tun, um alles wieder auf Kurs zu bringen.
6. **Abschluss**: Das ursprüngliche Ziel erfüllen. Dies kann auch eine Projektanalyse und Feedback umfassen.

> **Jeder Augenblick und jedes Ereignis im Leben eines Menschen auf der Erde pflanzt etwas in seine Seele.**
> *Thomas Merton, amerikanischer Trappistenmönch und Autor*

Eine Veranstaltung organisieren

Bei der Planung von Veranstaltungen sind Ort, Essen und die Einschätzung möglicher Risiken vom Anlass – Entertainment, Feierlichkeit, Spaß oder Spendensammlung – abhängig.

So könnte eine erste Checkliste für eine Veranstaltung aussehen:

› **Veranstaltung:** Überraschungs-Sommerpicknick zu Papas fünfzigstem Geburtstag
› **Thema:** Siebziger-Jahre-Revival!
› **Termin:** Samstag, 20. Juni
› **Wo:** Stadtpark (in der Nähe des Sees mit den Booten, Karten folgen)
› **Einladungen:** Liste von sechzig Personen, den Termin (mit Bitte um Geheimhaltung!) jetzt mitteilen, später folgen Einladungen mit Details – Anm.: Anfang Mai drucken

Wir erinnern uns nicht an Tage, wir erinnern uns an Augenblicke.

CESARE PAVESE,
ITALIENISCHER DICHTER, SCHRIFTSTELLER
UND ÜBERSETZER

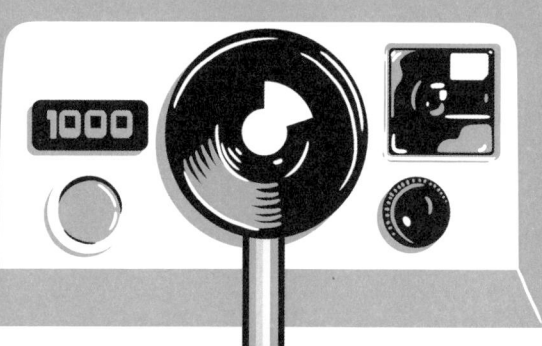

> **Essen:** Jeden bitten, etwas beizusteuern, vor dem Termin noch einmal präzisieren und koordinieren (Anm.: bis 7. Juni alle informieren)
> **Getränke:** einkaufen (+ Kühlboxen + Plastikbecher, Anm.: bis 14. Juni kaufen)
> **Nicht vergessen:** Decken zum Sitzen, Sonnenschutz und/oder warme Kleidung, Regen- bzw. Sonnenschirme – den Informationen auf der Einladung hinzufügen
> **Musik:** iPod mitnehmen (und sichergehen, dass *Happy Birthday To You* von Papas Lieblingssänger Stevie Wonder drauf ist)

Den Tag festlegen

Wenn Sie sich für einen Tag entschieden haben, müssen Sie den wichtigsten Beteiligten Bescheid sagen. Eventuell sollten Sie Ihre gewünschte Location sichern, bevor Sie die Einladungen verschicken, besonders wenn diese im Voraus ausgebucht sein kann. Die Personen auf Ihrer Gästeliste mit einer Save-the-date-Bitte auf den Termin aufmerksam zu machen, noch bevor andere Details bekannt sind, kann sehr nützlich sein, vor allem wenn sich der Termin mit anderen Veranstaltungen oder Plänen überschneiden könnte.

Location

Die Art der geplanten Veranstaltung beeinflusst die Wahl der Location, ebenso wie die Jahreszeit zu berücksichtigen ist. Für eine Winterhochzeit benötigen Sie geschlossene Räumlichkeiten, während ein Sommerpicknick in einem Park stattfinden kann – sofern das Wetter mitspielt – und für einen Gedenkgottesdienst ist womöglich ein Ort wie eine Kirche erforderlich, der nicht immer zugänglich für die Öffentlichkeit ist.

Anzahl der Gäste

Die Wahl der Location (ebenso wie Ihr Budget) beeinflusst auch die Anzahl der Eingeladenen. Ein Kind, das im Winter Geburtstag hat, muss seine Freunde wahrscheinlich nach drinnen einladen, was die Anzahl begrenzen kann, während Sommergeburtstage flexibler sind.

Budget

Sobald Sie wissen, wie viele kommen, können Sie ein Budget ausarbeiten – nicht nur für die möglichen Kosten der Location, sondern auch für das Catering. Wenn Sie Essen und Getränke selbst vorbereiten, möchten Sie vielleicht ein paar Hilfskräfte zum Servieren anstellen oder Sie gehen aufs Ganze und buchen einen Cateringservice, der seine Preise normalerweise pro Kopf berechnet, sodass Sie eine Ausgangszahl nennen müssen, die Sie womöglich später noch berichtigen können. In jedem Fall summieren sich die Kosten für eine Veranstaltung und die einzelnen Posten – vom Essen über den Transport bis zum Personal – können schnell ausufern.

Hilfe

Welche Hilfe benötigen Sie, um die geplante Veranstaltung durchzuführen, und wer kann Ihnen helfen? Egal ob Familie, Freunde oder bezahlte Hilfskräfte – sie alle brauchen klare Ansagen, dass sie helfen sollen. Delegieren Sie verschiedene Aufgaben, stellen Sie alle notwendigen Utensilien und die nötige Zeit zur Verfügung und behalten Sie im Auge, ob und wie es vorangeht.

Am Ende des Tages ...

Eine Veranstaltung sollte genossen und ausgekostet werden. Organisieren Sie sie bis ins kleinste Detail ... und dann lassen Sie los und amüsieren sich.

Meetings

Wenn zwei oder mehr Personen sich zu einem speziellen Zweck treffen, spricht man von einem Meeting. Ist dieser Zweck klar umrissen, sollte das Treffen so strukturiert sein, dass sein Ziel erreicht wird, gleich, ob es um die Organisation einer Firmenveranstaltung oder den Wochenplan einer Familie geht. Denken Sie daran: Ein Meeting sollte etwas zum Prozess der Organisation beitragen, nicht davon abzulenken.

Meetings sind unentbehrlich, wenn Sie nichts tun wollen.

J. K. Galbraith, amerikanischer Ökonom und Diplomat

Ein Kamel ist ein Pferd, das ein Komitee entworfen hat.

ANONYM

Das Ziel eines Meetings kann umfassen:
› Informationen kommunizieren
› Brainstorming, Beschaffen oder Austauschen von Ideen
› Arbeit, Arbeitsweisen und Feedback verbessern
› Probleme lösen und Streitigkeiten schlichten
› Entscheidungen treffen und sich auf ein Handeln verständigen

Natürlich können Meetings eine große Zeitverschwendung für alle Beteiligten sein, also prüfen Sie zuerst, ob ein Treffen wirklich notwendig ist, und gehen Sie sicher, dass alle verstehen, was es bezwecken soll. Wenn Sie nur Informationen weitergeben oder um Feedback bitten möchten, kann es dafür bessere Wege geben, als ein Meeting abzuhalten.

WICHTIGE HINWEISE FÜR JEDES MEETING

- Begrenzen Sie die Anzahl der Teilnehmer, indem sie nur Personen einladen, die nötig sind, um das festgesetzte Ziel des Meetings zu erreichen.
- Legen Sie die Dauer des Meetings fest und halten Sie sich daran.
- Erstellen Sie eine Tagesordnung für das Meeting, und sorgen Sie dafür, dass alle Beteiligten das Ziel kennen, sodass alle wichtigen Informationen vor dem Meeting gesammelt werden können.
- Legen Sie Smartphones, Laptops etc. weg, um sich nicht abzulenken. Ein Meeting ist effizienter, wenn man sich währenddessen nur darauf konzentriert.
- Lassen Sie eine Person das Meeting leiten und eine andere schriftlich festhalten, worauf sich die Teilnehmer einigen oder zu welchen Maßnahmen sie sich verpflichten.

Ein formelles Meeting organisieren

Sollen Sie ein formelleres Meeting organisieren, ist es sinnvoll, die Punkte aufzulisten, die von Ihnen erwartet werden:

> **Location:** Müssen Sie einen Raum mieten? Wenn ja, müssen Sie Termin, Uhrzeit, Dauer, Ort des Meetings und Teilnehmerzahl kennen.
> **Einladung:** Alle Teilnehmer, denen Sie alle relevanten Informationen zu Termin, Ort, Dauer etc. übermitteln.
> **Tagesordnung:** Hierfür müssen Sie eventuell Informationen sammeln, die Sie ausreichend lange vor dem Meeting gemeinsam mit allen notwendigen Unterlagen herumschicken.
> **Online:** Viele Meetings finden mittlerweile online statt. In diesem Fall empfiehlt sich ein Probelauf mit jeglicher neuen Technik, um vorher zu überprüfen, ob alles reibungslos funktioniert.
> **Nachbereitung:** Dies kann das Verteilen eines Protokolls umfassen, aber auch die Überprüfung, ob die vereinbarten Schritte in einem bestimmten Zeitrahmen durchgeführt werden.

Digitale Ordnung

Technik ist ein guter Diener, jedoch ein schlechter Herr. Richtig angewendet kann sie Ihnen allerdings bei der Organisation helfen – solange Sie sie selbst gut organisieren.

Entrümpeln Sie Ihre Geräte

Sie können keine Ordnung schaffen, wenn Sie auf Ihrem Computer, Laptop oder Smartphone nichts wiederfinden, deshalb brauchen Sie ein Basissystem zum Anlegen von Ordnern. Halten Sie es einfach und verwenden Sie allgemeine Ordner, wie Sie es auch bei einem altmodischen Aktenschrank tun würden: Verwaltung (Arbeit und Heim), Urlaub, Finanzen etc. Innerhalb der Ordner können Sie Unterordner anlegen: Steuern, Auto, Haushaltsrechnungen etc. Sehen Sie Ihre Online-Ordner als virtuellen Aktenschrank an. Komplizierter ist es nicht.

Sichern und löschen Sie

Wenn Sie einen Ordner nicht mehr verwenden, ihn jedoch nicht löschen können oder möchten, sichern und archivieren Sie ihn auf einer externen Festplatte, um Platz auf Ihrem Computer zu schaffen.

Alternativ können Sie Ihre Ordner online sichern. Unternehmen wie Google oder Apple bieten Cloudspeicher an, die im Wesentlichen Ihre Ordner

übers Internet auf deren Computer bringen und Ihnen kostenlos viel Platz zur Verfügung stellen. Informieren Sie sich online über Angebote, die Ihren Bedürfnissen entsprechen.

Werden Sie nicht zum digitalen Messie!

Überprüfen Sie regelmäßig, welche Ordner nicht mehr benötigt werden: Alte Dateien können die Leistung Ihres Computers, Laptops oder Smartphones mindern. Wenn Sie sie löschen, müssen Sie weniger Ordner durchsuchen und Ihr Computer wird besser arbeiten, wenn er nicht zugemüllt ist und über mehr Speicherplatz verfügt.

Erstellen Sie einen Zeitplan für Aufgaben

Nutzen Sie Ihren digitalen Kalender und die Erinnerungsfunktion – auf diese Weise vergessen Sie nie wieder einen wichtigen Termin oder Geburtstag. Sie können dieses Hilfsmittel auch nutzen, um Zeiten festzulegen für Aufgaben, die Sie erledigen müssen, für Sport, den Sie unterbringen möchten, aber auch für Ihre Freizeit – inklusive einer Erinnerung ans Nichtstun oder ans rechtzeitige Schlafengehen!

Einen durchführbaren Zeitplan zu erstellen und sich daran zu halten, wird auch Ihre Produktivität steigern. Bleiben Sie jedoch realistisch und übertreiben Sie es nicht, andernfalls kann es Sie demotivieren, wenn Sie Ihre selbst gesteckten Ziele nicht erreichen.

Mit Anwendungen wie Google Drive können Sie auch wichtige berufliche Informationen mit Ihren Kollegen teilen, damit alle auf dem aktuellen Stand der Dinge sind – und das gilt nicht nur für Arbeitskollegen, sondern auch für Familienmitglieder.

Behalten Sie die Kontrolle über Ihre E-Mails

E-Mails können einen leicht überwältigen und werden für viele zu einem Bereich, in dem die digitale Organisation versagt. Unzählige Nachrichten überfluten unsere Postfächer und erschweren es, wichtige E-Mails wahrzunehmen und nutzlose zu ignorieren.

Es ist hilfreich, sich mehrere E-Mail-Adressen zuzulegen: zum Beispiel eine für die Arbeit und für wichtige Korrespondenz und eine, die Sie zum Shoppen verwenden. Haben Sie Ihre E-Mail-Adresse einmal für etwas anderes als die Arbeit herausgegeben, werden Sie schnell mit Hunderten von Werbemails bombardiert – verwenden Sie jedoch eine Extra-Adresse für E-Mails, die nichts mit der Arbeit zu tun haben, werden diese nicht Ihr Postfach verstopfen und dabei Wichtiges unter sich begraben.

Fangen Sie damit an, Newsletter abzubestellen, die Sie nicht mehr empfangen möchten. Sobald Sie einen Newsletter bekommen haben, können Sie dies – meist mit einem Klick auf einen Link ganz unten – ganz einfach erledigen. Alternativ kann Ihnen Online-Software dabei helfen, was jedoch weniger sicher ist.

Schieben Sie Ihre E-Mails in Ordner, indem Sie die Adressen markieren und die Nachrichten in wichtige Arbeitsnachrichten und Post von Freunden aufteilen. So wird Ihr E-Mail-Verkehr übersichtlicher. Und nutzen Sie das Flaggen-Symbol, um sich an Nachrichten zu erinnern, auf die Sie noch reagieren müssen.

Apps

Bei der Organisation unseres Alltags können Smartphones eine Erleichterung sein. Mit Erinnerungsfunktion, Wecker und Kalender lassen sich all unsere Aktivitäten und Bedürfnisse an einem Ort aufbewahren und wiederfinden – allesamt in Ihrer Jackentasche – und durch das Synchronisieren Ihrer persönlichen Geräte online sichern. Es gibt aber noch mehr Apps, die Ihnen bei der Organisation helfen können.

› **Evernote** ist die derzeit beste App für Notizen. Sie ist einfach in Bedienung und Organisation und synchronisiert sich über einen Online-Account, sodass Sie auf all Ihren Geräten Zugriff auf Ihre Notizen haben. Die App ist perfekt, um sich unterwegs etwas zu notieren, was Sie zu Hause am Computer überarbeiten können.

› **Google** hat viele Apps zur Auswahl, insbesondere die, die sich in der Google-Drive-Software finden. Bewahren Sie Ihre Ordner auf, erstellen Sie online Dokumente und Tabellen und teilen Sie sie mit einem Klick mit Ihren Freunden. Dazu benötigen Sie lediglich einen Gmail-Account.

› **Any.do** ist eine Software für Checklisten, die Sie an Mini-Aufgaben erinnert, die Sie noch erledigen müssen. Fügen Sie Aufgaben hinzu, setzen Sie sich eine Frist und wischen Sie sie fort, sobald Sie sie erledigt haben. Any.do sendet Ihnen Benachrichtigungen auf Ihr Handy, um Sie an alles zu erinnern, was Sie vorhaben – sofern Sie es der App mitteilen!

Sorgen Sie für Sicherheit

Online-Sicherheit und Privatsphäre sind immer größerer Gefahr ausgesetzt, schützen Sie sich also unbedingt. Mit Programmen wie WinZip lassen sich Dokumente und Ordner mit einem Passwort schützen, außerdem ermöglichen es heutzutage die meisten Computer, allgemeine Ordner mit einem Passwort zu verschlüsseln.

Eine einfache Möglichkeit, Ihre Dokumente zu sichern, stellen Anbieter von Online-Speichern wie Dropbox, Google Drive oder iCloud dar. Denken Sie jedoch daran, dass keine Methode hundertprozentige Sicherheit garantiert, da Ordner dennoch beschädigt werden oder verloren gehen können.

VERMEIDEN SIE ZU VIEL ÖFFENTLICHKEIT IM INTERNET

- Googeln Sie sich, um zu sehen, wie viel man über Sie findet.
- Melden Sie sich von allen Seiten ab, die eine Personensuche erlauben.
- Wählen Sie bei den Privatsphäre-Einstellungen auf sozialen Netzwerken das Maximum.
- Nutzen Sie soziale Netzwerke wie Facebook oder Twitter nicht, um sich auf anderen Seiten einzuloggen.
- Geben Sie in sozialen Netzwerken niemals Ihr volles Geburtsdatum an.
- Nutzen Sie anonyme Web-Einstellungen, und blockieren Sie Cookies in Ihrem Browser.
- Teilen Sie Ihr Adressbuch mit keiner Website.
- Verwenden Sie zum Online-Shopping eine eigene E-Mail-Adresse, die Sie nur dafür benutzen.

Ordnung Ihrer Finanzen

Ein jährliches Einkommen von zwanzig Pfund und jährliche Ausgaben von neunzehn Pfund neunzehn (Schilling) und sechs (Pence) ergeben Glück. Ein jährliches Einkommen von zwanzig Pfund und jährliche Ausgaben von zwanzig Pfund sechs ergeben Unglück.

Charles Dickens, David Copperfield

Mr. Micawbers oft zitierter Glücksratschlag aus Charles Dickens' Roman *David Copperfield* mag heutzutage nicht mehr ganz so relevant sein, da Schulden – von Studentendarlehen über Hypotheken bis zu Kreditkarten – eine Realität des Lebens und keinen direkten Weg ins Armenhaus mehr darstellen, doch immer noch muss man darüber nachdenken, wie man seinen Verhältnissen entsprechend leben kann. Und die Organisation der eigenen Finanzen gehört dazu.

Geld ist nur ein Hilfsmittel. Es bringt Sie an den gewünschten Ort, wird Sie jedoch nicht als Fahrer ersetzen.

AYN RAND

Von unserer Kindheit an, in der wir ermuntert werden, unser Taschengeld ins Sparschwein zu stecken, bis zu unserer Nutzung von Krediten als Erwachsene können wir Geld zu unserem Vorteil organisieren. Ein erster Schritt ist es, nicht zuzulassen, dass Ihre Ausgaben Ihre Einnahmen übersteigen, wie Mr. Micawber rät – Ihr monatlicher Etat kann davon nur profitieren.

Budget

Ein wichtiger Aspekt bei einem Budget ist die Notwendigkeit, es zu überdenken, wenn sich die Lebensumstände ändern. Beispielsweise kann ein neuer Job ein höheres Einkommen, aber auch einen längeren Arbeitsweg bedeuten, was möglicherweise Ihre Fixkosten erhöht. Oder vielleicht möchten Sie für einen Urlaub, ein neues Auto oder eine Feier mehr Geld zurücklegen. Wenn Sie sich etwas neu kaufen oder Ihren Besitz aufwerten möchten, brauchen Sie möglicherweise auch einen höheren Versicherungsschutz.

Selbst eine grobe, auf die Rückseite eines Briefumschlags gekritzelte Kalkulation, wie viel Sie monatlich einnehmen und ausgeben, wird Ihnen bei der Berechnung helfen, was Sie Tag für Tag zur Verfügung haben. Oder lassen Sie es von einem der vielen Online-Budgetrechner ausrechnen, etwa von dem auf meiner Website www.moneymagpie.com.

Jasmine Birtles

Einkommen – alle regelmäßigen Einkünfte aus Verdienst, Investitionen etc.

Fixkosten – Miete/Hypothek, Strom-, Gas- und Telefonrechnungen, Versicherungen, Kreditkartenrückzahlungen, Rentenbeiträge etc.

Verfügbares Einkommen – was übrig ist, wenn Sie die Ausgaben von den Einnahmen abziehen.

Ein Budget erlaubt es Ihnen auch, zu überprüfen, wofür Sie Ihr Geld ausgeben und an welchen Stellen Sie, wenn nötig, Einsparungen vornehmen können. Essen Sie zum Beispiel oft außer Haus oder holen Sie sich etwas Teures, statt selbst zu kochen? Nutzen Sie öffentliche Verkehrsmittel, obwohl Sie zu Fuß gehen könnten?

Verstehen Sie Ihre Beziehung zu Geld

Geld ist niemals nur Mittel zum Zweck, ein Werkzeug, das Transaktionen ermöglicht. Unsere Beziehung zu Geld ist psychologisch geprägt. Sie ist emotional aufgeladen und wurzelt in allen möglichen Vorstellungen, die

Beherrschen wir unseren Wohlstand, werden wir reich und frei sein. Beherrscht unser Wohlstand uns, sind wir wirklich arm.

EDMUND BURKE

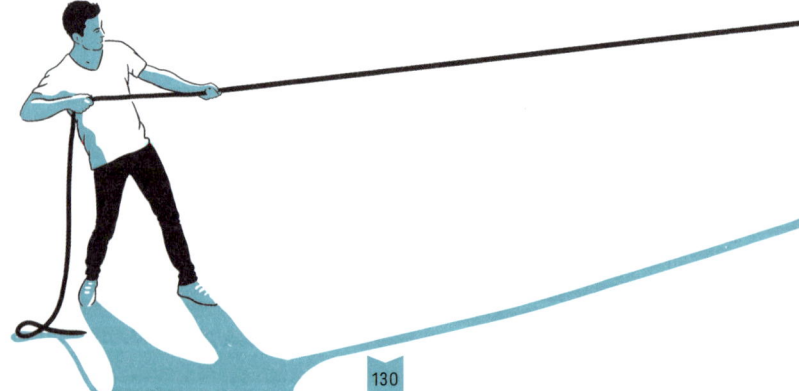

wir von uns selbst haben – verbunden mit Macht, Sicherheitsbedürfnis, Kontrolle, Unabhängigkeit, Freiheit, Glück und so weiter –, die Einfluss darauf nehmen können, wie wir unser Geld organisieren und managen.

WAS MOTIVIERT UNS?

Psychologen haben vier Hauptbereiche identifiziert, in denen Geld die Motivation ist:

Sicherheit – wie wir Geld benutzen, um uns sicher zu fühlen und uns die Angst vor möglichen zukünftigen Problemen zu nehmen.

Macht – wie wir Geld benutzen, um Macht und Einfluss über andere auszuüben.

Liebe – wie wir Geld benutzen, um uns Gunst und Zuneigung zu erkaufen.

Freiheit – wie wir Geld benutzen, um uns die schönen Dinge des Lebens zu ermöglichen.

Online-Banking

Ein Online-Zugang zu Ihrem Bankkonto erleichtert es Ihnen, regelmäßige Zahlungen zu tätigen, Geld auf Konten zu transferieren und Ihre Ausgaben im Blick zu behalten. Eine Benachrichtigung, wenn Sie sich Ihrem Limit nähern, kann ungeplante (und damit teure) Überziehungsgebühren vermeiden helfen.

Apps zum Management Ihrer Finanzen

Wenn Sie technische Hilfsmittel mögen, gibt es zahlreiche Apps, die Ihnen bei Ordnung und Management Ihrer Finanzen helfen können, viele davon kostenlos. Goodbudget erzeugt ein Budget, das auf Ihrem Cashflow basiert; BillGuard synchronisiert sich mit Ihrem Bankkonto, schützt Sie vor Betrug und hilft Ihnen, Ihre Ausgabe-Gewohnheiten zu verstehen; HomeBudget bietet klare, farblich unterschiedene Kategorien für Ausgaben, Rechnungen, Einkommen, Budget und Konten.

Angebote vergleichen

Die Finanzmärkte ändern sich ständig, weshalb es sinnvoll ist, zu überprüfen, ob Sie bei Haushaltsrechnungen, Bankgebühren, Hypothekenraten,

Mobiltelefontarifen und Versicherungsbeiträgen Geld einsparen können. Es kostet ein wenig Zeit, sich das Kleingedruckte durchzulesen, aber es zahlt sich wirklich aus, regelmäßig Angebote abzugleichen – verschiedene Vergleichswebsites helfen Ihnen dabei.

Oft betreffen finanzielle Angebote nur Neukunden: Den besten Deal bekommt man merkwürdigerweise selten für seine Loyalität! Fragen Sie jedoch immer nach, da Sie oft persönlich ein besseres Angebot aushandeln können.

Vermeiden Sie Säumnisgebühren

Viele Versorgerbetriebe belohnen Sie tatsächlich für rechtzeitige Zahlungen – was ganz leicht ist, wenn Sie Ihre regelmäßigen Zahlungen automatisieren –, während verspätetes Bezahlen Strafgebühren nach sich ziehen kann, die sich im Laufe der Zeit läppern können. Rechnungen nicht oder verspätet zu begleichen beeinträchtigt außerdem Ihre Kreditwürdigkeit.

Vermeiden Sie Bankgebühren

Auch sie sind verschwendetes Geld. Der einzige sichere Weg, Bankgebühren komplett zu vermeiden, liegt darin, stets in Ihrem Kreditrahmen zu bleiben. Das ist natürlich nicht immer einfach, doch ungeregeltes Überziehen ist teuer und zieht tägliche Gebühren plus Zinsen nach sich. Manche Banken bieten Ihnen von vornherein einen zinsfreien Überziehungskredit bis zu einem bestimmten Rahmen, falls Einkommen und Ausgaben sich gelegentlich nicht decken. Dieser sollte aber allein als Notpolster verstanden werden.

TOP-TIPP: Regelmäßig Geld zu sparen, so gering die Summe auch ist, fällt leichter, wenn Sie dies als Kürzung Ihrer festen Ausgaben statt als optionales Extra Ihres verfügbaren Einkommens betrachten.

Geben Sie Ihr Geld nie aus, bevor Sie es besitzen.

THOMAS JEFFERSON

Schulden

Schulden (insbesondere Kreditkartenschulden) sind teuer, weil die Zinssätze so hoch sind. Am besten verwendet man Kreditkarten, wenn man den Kredit monatlich tilgt, sodass er nur ein paar Wochen lang vergeben wird und Sie nichts kostet. Allgemein gilt: Wenn Sie sich verschulden müssen, suchen Sie nach der günstigsten Option. Wer etwa eine Hypothek besitzt, für den kann es einfacher sein, diese zu beleihen, als einen kurzfristigen Kredit zu hohen Zinssätzen aufzunehmen.

Kreditrating

Sobald Sie anfangen, Geld aktiv zu verwenden – etwa mit Ihrem ersten Bankkonto, Rechnungen auf Ihren Namen oder einem Studentendarlehen –, setzt Ihr Kreditrating ein. Ihre Kreditwürdigkeit hängt davon ab, ob Sie Ihre Schulden zurückzahlen und wie hoch die Wahrscheinlichkeit ist, dass Sie einer Verpflichtung nicht nachkommen. Effektiv stellt jede Rechnung Schulden dar, wenn Sie also zu spät bezahlen, es versäumen oder nicht dazu in der Lage sind, wird Ihre Kreditwürdigkeit negativ bewertet. Es ist wichtig, sich ein gutes Kreditrating aufzubauen, da es Ihnen den Gebrauch einer Kreditkarte, das Aufnehmen einer Hypothek und andere Formen des Geldleihens ermöglicht, und normalerweise gilt: Je besser Ihr Kreditrating, desto wettbewerbsfähiger der Zinssatz.

TOP-TIPP ZUM VERBESSERN IHRES KREDITRATINGS

- Begleichen Sie Rechnungen immer, *immer* rechtzeitig – nutzen Sie, wenn möglich, Daueraufträge.
- Nutzen Sie eine Kreditkarte, um sich einen Kreditscore aufzubauen, doch zahlen Sie monatlich – wenn auch nur den Mindestbetrag, besser aber möglichst den vollen Betrag.

- Verwenden Sie die Kreditkarte niemals für Barabhebungen oder Überbrückungskredite, da diese ein Zeichen für schlechtes Finanzmanagement sind und sofortige Zinsbelastungen nach sich ziehen.
- Vermeiden Sie es, zu oft Kredite zu beantragen, da dies bei einer Bonitätsprüfung auftaucht und Ihr Kreditrating herabsetzt.

Überprüfen Sie Ihren Krediteintrag mit einem Online-Hilfsmittel wie Experian oder Equifax. Wenn dort irgendetwas auftaucht, was ihn negativ beeinflusst, aber nicht Ihre Schuld ist - womöglich hat Ihr Vormieter seine Schulden nicht beglichen, was nun Sie trifft -, beanstanden Sie es schriftlich und lassen Sie es entfernen.

Jasmine Birtles, www.moneymagpie.com

Urlaubsorganisation

Ein 2014 von Teletext Holidays in Auftrag gegebener Bericht kam zu dem Schluss, dass Urlauber mehr Zeit damit verbringen, Ihre Ferien zu planen und organisieren, als sie tatsächlich zu genießen.

Das ist eine Schande, wenn man bedenkt, wie kostbar die Zeit fern von der Arbeit im Kreis der Familie ist. Die Teletext-Studie zeigte, dass durchschnittlich 13 Stunden mit der Recherche nach einer Unterkunft und elf Stunden mit den Reisevorbereitungen verbracht werden – viel Zeit wird also auf die Planung verwendet, die direkte Vorbereitung in Form von Kofferpacken noch nicht mit einberechnet.

Alles in allem kann ein bevorstehender Urlaub die unerschütterlichsten Reisenden in Angst versetzen. Wie kann die richtige Organisation also dabei helfen, Anspannungen vor dem Urlaub zu vermeiden und sicherstellen, dass die in der Ferne verbrachte Zeit entspannend und erholsam ist?

Ruhen Sie sich aus: Ein ruhendes Feld erbringt wunderbare Ernte. *Ovid*

Erste Schritte

Legen Sie ein Budget fest und gliedern Sie Ihre Urlaubsplanung in drei verschiedene Komponenten:

› **Ziel:** Berücksichtigen Sie Reisedauer, Klimabedingungen zur Zeit des Aufenthalts und die Bedürfnisse von Ihnen und Ihrer Reisebegleitung – kleine Kinder etwa könnten mit Hitze Schwierigkeiten haben.

› **Reise:** Dies kann Flüge, Zugbuchungen, Taxen, Busse und Autofahrten umfassen. Berücksichtigen Sie zeitliche und preisliche Optionen sowie die Bedürfnisse aller Mitreisenden: Für manche stellt es kein Problem dar, morgens um fünf am Flughafen zu sein, für andere ist es eine logistische Unmöglichkeit.

› **Notwendiges für die Reise:** Pässe, Visa, medizinische Voraussetzungen wie Impfungen – manches davon erfordert Vorausplanung.

Flugreisen

Jede Fluggesellschaft hat ihre eigenen Sicherheitsregeln, die auch die Größe Ihres Handgepäcks betreffen können. Prüfen Sie das Kleingedruckte online, denn wenn Sie am Check-in versuchen, die Vorschriften zu umgehen, bereitet Ihnen das nur Unannehmlichkeiten.

Billigflieger sind großartig für Studenten und all jene, die das Flugzeug wie einen Bus verwenden, doch wer ein wenig mehr in Sachen Platzreservierung oder Kundenservice erwartet, muss bereit sein, dafür zu zahlen.

Packen Sie alles Wichtige in Ihr Handgepäck, falls Ihr Hauptgepäck verloren geht und Ihr Ziel nicht erreicht. Und vergessen Sie nicht Ihre Überlebensausrüstung, inklusive Zahnbürste und Zahnpasta, feuchte Tücher, Gesichtscreme für Langstreckenflüge und jegliche Medikamente, die Sie während Ihrer Reise benötigen.

TOP-TIPP: Scannen Sie wichtige Dokumente ein und senden Sie sie sich per E-Mail. So haben Sie im Notfall Zugriff darauf! Dies gilt vor allem für Eltern von allein reisenden Jugendlichen.

REISECHECKLISTE

Geld in der Währung des Reiselands – womöglich erst bei der Ankunft an Ihrem Ziel erhältlich. (Informieren Sie Ihre Bank, wenn Sie Kreditkarten im Ausland nutzen möchten.)

Pass UND (wenn nötig) Visum.

Reiseversicherung – die medizinische Versorgung, Rückführung, verlorenes oder gestohlenes Eigentum und Rechtsschutz abdecken sollte.

Bestätigung Ihrer Unterkunft (eventuell auch als Ausdruck).

Reisetickets – kann Online-Check-in und ausgedruckte Bordkarten umfassen.

Andere Transportbuchungen, inklusive Unterlagen der Autovermietung und Ihr Führerschein.

> **Urlaub – eine Zeit der Reise und Erholung, in der sie doppelt so viel Kleidung und halb so viel Geld mitnehmen, wie Sie brauchen.** *Anonym*

Reiseplanung

Wenn Sie in Ihrem Urlaub mehrere Orte anpeilen oder Sie verschiedene Ausflüge geplant und gebucht haben, können Sie einigen Stress vermeiden, indem Sie einen Reiseplan erstellen, auf dem die wichtigsten Fakten wie Abfahrtszeiten und Kontaktnummern für jeden Tag vermerkt sind. So haben Sie stets eine Checkliste zur Hand – die Sie, wenn nötig, mit Mitreisenden teilen können.

Wenn Sie Ihre Planung auf einem elektronischen Gerät statt in ausgedruckter Form vorliegen haben, sollten Sie bedenken, dass ein Stromausfall Ihren Zugriff auf benötigte Informationen zum entscheidenden Zeitpunkt vereiteln könnte.

Packen

Wenn Sie für Ihre Reise packen, sollten Sie zuerst die folgenden Punkte bedenken:

› Wetter am Reiseziel – und Ankunftsuhrzeit: Um drei Uhr morgens kann es selbst in den Tropen kühl sein.
› Dauer des Aufenthalts – auch wenn Sie für einen vierwöchigen Urlaub nicht viel mehr benötigen als für einen einwöchigen.
› Spezielle Aktivitäten – zum Beispiel Schwimmen, Skifahren, Wandern oder eine formelle gesellschaftliche Veranstaltung.

Bevor Sie alles in einen Koffer werfen, legen Sie die ausgewählten Stücke auf ordentliche Stapel. Das hilft Ihnen beim Planen und verhindert außerdem, dass Sie den Koffer ständig ein- und ausräumen müssen, um zu überprüfen, was Sie schon alles eingepackt haben. Entscheiden Sie vor dem Packen, was Sie während der Reise tragen werden, und legen Sie diese

Kleidungsstücke zur Seite. (Achten Sie darauf, die Stücke, die Sie tragen, nicht doppelt mitzunehmen.)

› Packen Sie Schuhe und schwere Gegenstände so ein, dass sie in Ihrem Koffer unten sind, wenn er aufrecht steht.

› Füllen Sie Flüssigkeiten in kleinere, sicher verschließbare Plastikgefäße um, und stecken Sie sie in eine Plastiktüte.

› Auch wenn Sie an Ihrem Reiseziel Bade- und Strandtücher gestellt bekommen, sollten Sie dennoch einen Baumwoll-Sarong oder ein (traditionelles türkisches) Hamam-Handtuch mitnehmen, das sich flach zusammenfalten und als Strandumhang, Handtuch oder gar Picknickdecke verwenden lässt.

› Packen Sie niemals etwas Wertvolles, das Sie nicht verlieren möchten, in einen Koffer.

› Denken Sie daran, dass Sie Unterwäsche mit der Hand auswaschen oder Kleidung unterwegs in die Reinigung geben können, damit Sie nicht zu viel doppelt mitnehmen müssen.

TOP-TIPP: Wenn Sie mit Kindern verreisen und möchten, dass diese ihren Sachen auch wieder mit nach Hause bringen, sollten Sie mit Ihnen gemeinsam packen und eine Liste aller mitgenommenen Sachen erstellen, die Sie zurate ziehen, wenn sie für die Rückreise packen. Dies hilft den Kindern auch, eigenständiger zu werden und auf ihre eigenen Sachen achtzugeben.

Zu guter Letzt ...

In einer perfekten Welt würde ein Urlaub bedeuten, dass wir unser Berufsleben zu Hause lassen ... In der Realität verreisen jedoch nur wenige, ohne zumindest Handy oder Smartphone mitzunehmen. Wir verlassen uns immer mehr auf unsere elektronischen Hilfsmittel – von iPads bis zu Digitalkameras –, denken Sie also daran, alle nötigen Ladegeräte sowie Reisestecker oder Adapter für Ihr Zielland mitzunehmen.

Im Urlaub können Sie so bunt und leger gekleidet sein, wie Sie möchten, müssen dabei aber stets elegant sein.

CHRISTIAN DIOR

Alles unter Dach und Fach

Es gibt hundertundeinen Grund, keine Ordnung zu schaffen, aber nur einen, es doch zu tun: Es wird Ihnen das Leben erleichtern.

Es stimmt. Sie bekommen alles leichter hin, wenn Sie planvoll vorgehen. Zeit damit zu verschwenden, nach verschwundenen Dingen zu suchen, Zeug zu kaufen, das Sie nicht benötigen, Probleme zu schaffen, die Sie nicht lösen können – all dies macht Ihnen das Leben unnötig schwer.

Ordnung zu schaffen mag wie ein Mittel zum Zweck erscheinen, aber es ist auch ein Ziel an sich. Außerdem lässt es sich schrittweise erledigen, Stück für Stück, im Laufe der Zeit, weshalb dieses Buch sich auf verschiedene Lebensbereiche konzentriert und darauf, wie Sie von guter Organisation in jedem einzelnen Bereich profitieren können.

**Das Geheimnis des Vorankommens liegt im Anfangen.
Das Geheimnis des Anfangens liegt darin, Ihre komplexen,
überwältigenden Aufgaben in kleine, kontrollierbare
Aufgaben aufzuteilen und dann mit der ersten zu beginnen.**
Mark Twain

Das letztendliche Ziel liegt darin, das Leben so zu organisieren, dass es auf effizientere, entrümpelte und stressfreie Weise gelebt werden kann. Und das schenkt Ihnen Zeit, statt unangenehmer Dinge nur das zu tun, was Sie tun wollen.

Misten Sie Ihren Kram aus. Misten Sie Ihren Kopf aus.

ERIC M. RIDDLE, AUTOR VON *STUFFOLOGY 101*

149

Danksagung

Dank gebührt meiner Lektorin Kajal Mistry für
ihre fröhliche Unterstützung und ihr Auge
fürs Detail – sie hat dafür gesorgt, dass ich gut
organisiert an diesem Buch gearbeitet habe; sowie
Julia Murray, deren talentierte Gestaltung
und Illustrationen diese Seiten zum Leben erwecken.
Ich danke auch meiner Verlegerin Kate Pollard
und dem restlichen Team bei Hardie Grant, deren
enthusiastisches Engagement dieses neue Buch
der Serie überhaupt erst ermöglicht hat.

Und schließlich möchte ich meinen beiden Kindern
Josh und Robbie danken, die mich ebenfalls
gelehrt haben, dass Ordnunghalten das Leben auf
lange Sicht viel einfacher macht.

Anhang

Literaturhinweise

Joshua Fields Millburn und Ryan Nicodemus: *Minimalism: Live a meaningful life*, Asymmetrical Press

Isabella Beeton: *Mrs Beeton's Book of Household Management*, Oxford Paperbacks (gekürzte Fassung)

James Wallman: *Stuffocation: Living more with less*, Penguin

Marie Kondo: *Magic Cleaning. Wie richtiges Aufräumen Ihr Leben verändert*, Rowohlt

Stephen R. Covey: *Die 7 Wege zur Effektivität. Prinzipien für persönlichen und beruflichen Erfolg*, Gabal

www.statista.com/statistik/daten/studie/152322/umfrage/ behandlung-kommunaler-abfaelle-in-der-eu-27-in-2008/

www.statista.com/statistik/daten/studie/2034/umfrage/ haushaltsabfaelle-in-deutschland-seit-2003/

www.statista.com/statistik/daten/studie/263063/umfrage/anzahl-der-deponien-in-deutschland/)

www.statista.com/themen/1549/recycling/

Nützliche Apps

Any.do / BillGuard / Evernote / Goodbudget / Google Drive / HomeBudget

Über die Autorin

Harriet Griffey ist Journalistin, Schriftstellerin und Autorin mehrerer Bücher zu Gesundheitsthemen. Neben *I Want to Be Calm* und *I Want to Sleep*, herausgegeben von Hardie Grant, hat sie auch *The Art of Concentration*. *How to Get Pregnant* und *Give Your Child a Better Start* (zusammen mit Professor Mike Howe) verfasst. Sie schreibt regelmäßig in der nationalen Presse über Gesundheits- und andere Themen. Ursprünglich ist sie ausgebildete Krankenschwester, außerdem anerkannte Coach bei Youth at Risk (www.youthatrisk.org.uk).

Harriet

Index

Harriet Griffey

Endlich schlafen

Eden
BOOKS

Der nächste Titel in unserer Endlich-Reihe

Knapp ein Drittel der Deutschen gibt an, unter Schlafstörungen zu leiden, dabei ist ein gesunder Schlaf für unser Immunsystem, unsere Konzentration und nicht zuletzt für unser allgemeines Wohlbefinden essentiell. Hilfe gibt es nun von unserer Autorin Harriet Griffey. Mit fantasievollen und informativen Illustrationen erklärt die Autorin, wie Schlaf funktioniert, und leitet daraus einfach zu befolgende Tipps ab. Dieses Buch nimmt dem Problem, unter dem so viele Menschen leiden, die Schwere und zeigt nicht zuletzt durch seine wunderbare Gestaltung, dass guter Schlaf ganz einfach sein kann!

Harriet Griffey
Endlich Schlafen
160 Seiten | Hardcover | 12x16 cm
12,95 € (D) / 13,40 € (A)
ISBN 978-3-959100-61-8

Endlich aufgeräumt
Richtig ausmisten, organisieren und Dinge regeln
ISBN 978-3-959100-59-5

Eden Books
Ein Verlag der Edel Germany GmbH

Copyright © 2016 der deutschen Ausgabe
Edel Germany GmbH
Neumühlen 17, 22763 Hamburg
www.edenbooks.de | www.facebook.com/EdenBooksBerlin | www.edel.com
1. Auflage 2016

Projektkoordination der deutschen Ausgabe: Nina Schumacher
Übersetzung: Yasemin Dinçer
Satz der deutschen Ausgabe: Johanna Höflich | www.johannahoeflich.de
Umschlagadaption: Judith Haentjes
Druck und Bindung: optimal media GmbH, Glienholzweg 7, 17207 Röbel / Müritz

First published in 2016 by Hardie Grant Books
52–54 Southwark Street
London SE1 1UN
www.hardiegrant.co.uk
Titel der Originalausgabe: I Want to Be Organized: How to De-Clutter,
Manage Your Time & Get Things Done

Text © Harriet Griffey
Illustrations © Julia Murray

Um die kulturelle Vielfalt zu erhalten, gibt es in Deutschland und in Österreich die gesetzliche Buchpreisbindung. Für Sie, liebe Leserin und lieber Leser, bedeutet das, dass Ihr verlagsneues Buch jeweils überall dasselbe kostet, egal, ob Sie Ihre Bücher gern im Internet, in einer großen Buchhandlung oder beim kleinen Buchhändler um die Ecke kaufen.

Printed in Germany